Mosaik bei
GOLDMANN

Buch

Häufig leben wir »auf Autopilot« – wir reagieren automatisch, finden uns an einem Ort wieder, ohne zu wissen, wie wir eigentlich dorthin gekommen sind, werden von Zukunftssorgen, Grübeleien über Vergangenes und starken Gefühlen wie Ärger oder Angst bestimmt. Wir bewegen uns in unserem Leben, als wären wir Schauspieler statt Regisseur. Den Autopilot auszuschalten gelingt am besten, indem wir im eigenen Leben gegenwärtig sind: indem wir am Leben teilhaben und es mit wachen Sinnen begleiten. Dafür brauchen wir vor allem eine Fertigkeit – die der Inneren Achtsamkeit. Damit können wir auf unserer eigenen Bühne das Kommando des Regisseurs übernehmen. Åsa Nilsonne führt in die Anwendungsmöglichkeiten der Inneren Achtsamkeit ein und hilft mit vielen praktischen Tipps, Beispielen und Übungen, diese Fertigkeit zu erlernen. Dabei richtet sich der Leitfaden an alle, die ihr Schicksal in die eigene Hand nehmen und sich selbst auf die Schliche kommen wollen.

Autorin

Dr. med. Åsa Nilsonne, Jahrgang 1949, ist Psychotherapeutin und Professorin für Medizinische Psychologie in Stockholm. Seit 1991 schreibt sie Kriminalromane, mit denen sie ein internationales Publikum begeistert. Auf Deutsch sind ihre Romane bei Goldmann erschienen. Åsa Nilsonne ist verheiratet und hat drei erwachsene Söhne.

www.nilsonne.se

Åsa Nilsonne

Wer führt Regie in meinem Leben?

Kleine Alltagspsychologie

Aus dem Schwedischen
von Knut Krüger

Mosaik bei
GOLDMANN

Alle Ratschläge in diesem Buch wurden von der Autorin und vom Verlag sorgfältig erwogen und geprüft. Eine Garantie kann dennoch nicht übernommen werden. Eine Haftung der Autorin beziehungsweise des Verlags und seiner Beauftragten für Personen-, Sach- und Vermögensschäden ist daher ausgeschlossen.

FSC
Mix
Produktgruppe aus vorbildlich
bewirtschafteten Wäldern und
anderen kontrollierten Herkünften
Zert.-Nr. SGS-COC-001940
www.fsc.org
© 1996 Forest Stewardship Council

Verlagsgruppe Random House FSC-DEU-0100
Das für dieses Buch verwendete FSC-zertifizierte Papier
Classic 95 liefert Stora Enso, Finnland.

1. Auflage
Vollständige Taschenbuchausgabe September 2010
Wilhelm Goldmann Verlag, München,
in der Verlagsgruppe Random House GmbH
© 2007 der deutschsprachige Ausgabe Kösel-Verlag, München,
in der Verlagsgruppe Random House GmbH
© 2004 Åsa Nilsonne und
Bokförlaget Natur och Kultur, Stockholm
Published by agreement with
Agentur Literatur Gudrun Hebel, Berlin
Originaltitel: Vem är det som bestämmer i ditt liv?
Om medveten närvaro
Originalverlag: Bokförlaget Natur och Kultur, Stockholm
Umschlaggestaltung: Uno Werbeagentur, München
Umschlagillustration: Fine Pic, München
Autorenfoto Umschlag hinten: Ulla Montan
Satz: Uhl + Massopust, Aalen
Druck und Bindung: GGP Media GmbH, Pößneck
CB · Herstellung: IH
Printed in Germany
ISBN 978-3-442-17175-0

www.mosaik-goldmann.de

Inhalt

Vorwort

Als ich 14 Jahre alt war, wurde mein Vater, ein Diplomat, nach Bangkok versetzt. In den folgenden drei Jahren lernte ich den Buddhismus als Religion und Lebensstil kennen. Es war unmöglich, sich nicht für einen Verhaltenskodex zu interessieren, der auf Toleranz und Respekt basierte – und sich so wesentlich von dem unterschied, was ich in christlichen oder muslimischen Gesellschaften erlebt hatte.

Es war mir eine große Freude, an diese Zeit anknüpfen zu können, als ich mich in den letzten zehn Jahren mit der Dialektischen Verhaltenstherapie (DVT) beschäftigt habe, deren therapeutische Interventionen nahezu alle auf dem Zen-Buddhismus gründen.

Wie wunderbar, dass die Psychiatrie so großen Nutzen aus einer Lebensphilosophie ziehen kann, die nicht in erster Linie für Menschen mit psychischen Problemen entwickelt wurde, sondern für alle Menschen, die nach einem Weg suchen, um den Herausforderungen des Lebens zu begegnen. Innerhalb der Psychiatrie kommen wir kaum umhin, eine Trennlinie zwischen Klient und Therapeut zu ziehen, doch könnte es lohnenswert sein, einmal darüber nachzudenken, ob die Schwierigkeiten, denen wir in unserem Leben begegnen, nicht ähnlicher Natur sind. Der Unterschied könnte mehr eine Frage des Grades als der Art sein.

Dieses Buch basiert im Wesentlichen auf den praktischen Erfahrungen, die ich im Umgang mit meinen Patienten gesammelt habe. Zum einen liegt dies auf der Hand, zum anderen möchte ich daran erinnern, dass die Grenze zwischen Patienten und Nicht-Patienten nicht immer klar zu erkennen ist.

Mein Buch richtet sich an Menschen, deren Probleme so schwerwiegend sind, dass sie professioneller Hilfe bedürfen, aber auch an jene, die sich darum bemühen, ihr »normales« Leben – mit all den üblichen Problemen, die nun mal dazugehören – in den Griff zu bekommen. Da die geistige Dimension der therapeutischen Arbeit schwer zu erlernen ist, hoffe ich, dass dieses Buch auch für Therapeuten von Nutzen sein kann, die das Prinzip der Inneren Achtsamkeit in ihre Arbeit integrieren wollen.

Nach unserer gemeinsamen Arbeit an dem Buch *Dialektische Verhaltenstherapie bei emotional instabiler Persönlichkeitsstörung* hatten Anna Kåver und ich unabhängig voneinander dieselbe Idee: Wir wollten beide ein kleines, hübsches, praktisches Buch schreiben. Was wir auch getan haben: Wir haben unsere Bücher alleine geschrieben und doch eng zusammengearbeitet!

Mein Buch erhebt nicht den Anspruch, eine umfassende Einführung in die Prinzipien des Zen-Buddhismus oder der Meditation zu sein – es gibt andere ausgezeichnete Werke, die diesen Zweck erfüllen. Ich hatte vielmehr im Sinn, eine konkrete Einführung zu einigen Anwendungsmöglichkeiten der Inneren Achtsamkeit (*mindfulness*) zu schreiben. Die Auswahl der Anwendungsmöglichkeiten entspringt meiner subjektiven Perspektive. Sie haben mir und vielen meiner Klienten das Leben erleichtert. Ein anderer Psychotherapeut, der sich mit Innerer Achtsamkeit beschäftigt, hätte sicherlich andere Schwerpunkte gewählt ich als, was vollkommen in Ordnung ist.

Ein Letztes: Innere Achtsamkeit ist eine Fertigkeit. Was damit gemeint ist, dürfte nicht schwer zu verstehen sein, doch braucht es Übung, Übung und nochmals Übung, um die Innere Achtsamkeit in den wechselvollen Momenten des Lebens auch wirklich zur Entfaltung kommen zu lassen.

Viel Glück dabei!

Åsa Nilsonne

Dank

Mein Dank gilt in erster Linie Anna Kåver, meiner geschätzten Mitautorin von *Dialektische Verhaltenstherapie bei emotional instabiler Persönlichkeitsstörung*, die darüber hinaus jahrelang Mitglied meines Teams war. Dieses Mal haben wir unabhängig voneinander – und doch gemeinsam – geschrieben, was ebenfalls eine schöne und lehrreiche Erfahrung war.

Ein besonderer Dank geht an Professor Marie Åsberg, die mit viel Umsicht dafür gesorgt hat, dass sich die DVT in Schweden so schnell etablieren konnte. Ohne Maries persönliche, finanzielle und praktische Unterstützung hätte dieses Buch nicht geschrieben werden können.

Ebenso großer Dank gebührt Professor Marsha Linehan, deren Bücher meiner Arbeit zugrunde liegen. Gedankt sei auch Alan Fruzzetti, Heidi Heard, Armida Rubio-Fruzzetti sowie dem DVT-Team mit Eva Andersson, Tord Berndtson und Håkan Götmark, die mir alle geholfen haben, das Wesen der Inneren Achtsamkeit zu verstehen und für meine Arbeit nutzbar zu machen.

Erst die praktische Erfahrung mit DVT hat dieses Buch möglich gemacht – ich danke allen Patienten und Therapeuten, die mich auf diesem Weg begleitet haben!

Klara Hedefalk und Pernilla Juth bin ich für ihre konstruktiven Kommentare dankbar. Ein ganz besonderer Dank gilt Lena Forssén und Lena Albihn vom Verlag »Natur och Kultur«, deren positive und kompetente Unterstützung einmal mehr von unschätzbarem Wert war.

Ein letzter Dank geht an mein kleines, feines iBook, das mir in den verschiedensten Zusammenhängen treue Dienste leistete.

Die innere Bühne

Wir leben hier begrenzte Zeit,
mit viel Beschwer und großem Leid.

Muss das Leben wirklich so viel Beschwer und Leid mit sich bringen? Diese Frage hat die Menschen von jeher beschäftigt, und meist ist es die Religion gewesen, die uns erklärt hat, woher das Leid kommt und wie wir ihm begegnen können.

Doch das Monopol der Religion, die Nöte und Orientierungslosigkeit der Menschen zu interpretieren, ist ins Wanken geraten. Das wird deutlich, wenn wir uns die Einstellung zum Selbstmord anschauen – der wohl äußersten Konsequenz menschlichen Schmerzes. Früher wurde Selbstmord als Sünde betrachtet, als Verstoß gegen Gottes Gebote. In moderner Zeit sah man ihn als weltliches Verbrechen an, und die Justiz hat zwischenzeitlich in manchen Ländern den missglückten Versuch unternommen, das Verhalten der Menschen zu lenken, indem sie die Todesstrafe für Selbstmordversuche einführte. Dann setzte sich allmählich eine medizinische Betrachtungsweise durch: ein suizidgefährdeter Mensch gilt mittlerweile als krank und hilfsbedürftig.

Heutzutage muss die Medizin ihr Territorium vertei-
digen. Zwar ist im Allgemeinen das Gesundheitswesen
für psychische Leiden verantwortlich, doch existiert eine
riesige Grauzone. Wohin sollen wir uns wenden, wenn
wir über den Sinn des Lebens sprechen wollen, wenn wir
unglücklich sind und nicht weiterwissen, wenn wir daran verzweifeln, dass unser Leben und unsere zwischenmenschlichen Beziehungen in anderen Bahnen verlaufen,
als wir uns das vorgestellt haben?

Hier scheinen Spiritualität und Psychotherapie zu
Schwestern im Geiste geworden zu sein – beide bieten
den Menschen aus unterschiedlicher Perspektive ihre
Hilfe an, um das Leben in den Griff zu bekommen. Zeit-
weise waren sie erbitterte Rivalen. Deshalb ist es begrü-
ßenswert, dass wir nun in der Lage sind, zwei Sichtwei-
sen miteinander zu versöhnen, die früher als unvereinbar
galten. Die Form der Religion/Spiritualität, auf die ich in
diesem Buch abziele, ist *mindfulness*, ein schwer zu über-
setzender Begriff aus dem Zen-Buddhismus, den ich im
Folgenden als »Innere Achtsamkeit« bezeichnen werde.

Der Buddhismus hat im Laufe seiner Geschichte ver-
schiedenste Ausprägungen erfahren, und der Begriff der
»Inneren Achtsamkeit« ist vielgestaltig beschrieben worden. Ich halte mich an Thich Nhât Hanh, der unter
»Innerer Achtsamkeit« die Kunst versteht, ganz im gegenwärtigen Moment zu leben und jeden einzelnen Augenblick des Tages mit nicht nachlassender Präsenz zu
begleiten. Mit anderen Worten: Man sollte nicht nur stets

wissen, wo man sich gerade befindet, sondern auch, wohin der Weg führt.

Da der Begriff der Inneren Achtsamkeit mittlerweile
Gegenstand unterschiedlicher wissenschaftlicher Defini-
tionen geworden ist, lässt sich seine Bedeutung nicht mehr
eindeutig festlegen. Dennoch ist er ins Blickfeld von Psy-
chiatern und Psychologen gerückt, weil er sich als wert-
volle Ergänzung zur psychotherapeutischen Terminologie
erwiesen hat. Derzeit ist man bemüht, die Anwendbarkeit
des Begriffs in der modernen Psychologie zu klären, was
sich als nicht ganz einfach erweist. Innere Achtsamkeit
kann als psychologischer Prozess verstanden werden –
oder auch als Resultat dieses Prozesses. In der Psychotherapie wird die Innere Achtsamkeit teils als psychothera-
peutische Technik, teils als Sammelbegriff für verschiedene Techniken beschrieben.

Als Psychiaterin interessiert mich vor allem die praktische Anwendung: Wozu ist Innere Achtsamkeit gut? Inwieweit kann sie uns helfen?

Meine Antwort darauf ist, dass Innere Achtsamkeit
es uns erleichtert, die Kontrolle über uns und unser Leben zu gewinnen. Sicherheitshalber sollte ich hinzufügen,
dass es keinesfalls darum geht, eine übertriebene Selbst-
kontrolle auszuüben. Es geht eher darum, sich der Realität zu öffnen, die eigenen Reaktionen zu verstehen und
somit kluge Entscheidungen treffen zu können.

Im Laufe unseres Lebens werden wir mit Liebe und Betrug, mit Fortschritten und Rückschlägen konfrontiert. Wir müssen damit leben, dass andere nicht nach unserer Pfeife tanzen und – was viel schlimmer ist – dass selbst unsere eigenen Handlungen nicht immer unserem Willen gehorchen. Oft wissen wir nicht, was wir tun sollen. Und wenn wir es wissen, gibt es immer noch viele Gründe, die uns davon abhalten, dieses Wissen in die Tat umzusetzen. Es kann äußerst schwierig sein, unsere zwischenmenschlichen Beziehungen und das Leben im Allgemeinen zu meistern.

In diesem Buch widme ich mich einem praktischen Aspekt der Inneren Achtsamkeit, der meist als »Selbstbeobachtung« (*guarding the mind*) bezeichnet wird. Es geht mir vor allem um deren konkrete Anwendung. Die technische Diskussion über die Definition der Inneren Achtsamkeit überlasse ich den psychologischen Theoretikern, die religiöse Diskussion den religiösen Autoren.

Ein kurzer Blick in die Geschichte

Vor ungefähr 2500 Jahren zog im nördlichen Indien ein junger Prinz in die Welt, um das Leben besser verstehen zu lernen. Sein Name war Gautama Siddharta. Seine Gedanken und Erfahrungen bilden die Grundlage des Buddhismus – einer Lebensphilosophie oder Religion, die in ganz Asien Verbreitung fand. Auf seinem Weg gen Osten wurde der Buddhismus vom chinesischen Taoismus beeinflusst und schließlich, nachdem er Japan erreicht hatte, Zen genannt.

Der Zen-Buddhismus ist keine Religion, die dem Christentum oder dem Islam vergleichbar wäre. Es handelt sich eher um eine Philosophie, deren Schwerpunkt auf der geistigen Entwicklung liegt. Diese wird vor allem durch Meditation gefördert. Im Gegensatz zum Judentum, Christentum und Islam gibt es nicht die Vorstellung eines allmächtigen Gottes, der seine Gebote und Verbote ausspricht.

Ein zentraler Aspekt des Zen-Buddhismus ist der Glaube, dass alles, was wir denken, empfinden und tun, Konsequenzen für uns selbst und andere hat. Daher sollten wir bestrebt sein, unser Inneres zu verstehen und zu lenken, damit wir so klug wie möglich denken, empfinden und handeln können. Da unsere Handlungen an die Gegenwart gebunden sind, legt der Zen-Buddhismus großen Wert darauf, diese Gegenwart bewusst zu erleben und zu begreifen. Ziel ist es, im Hier und Jetzt zu leben, ohne unsere Umwelt oder unsere Reaktion auf sie als gut oder schlecht, richtig oder falsch zu beurteilen. Dieses Streben nach einem nicht wertenden Verhalten bedeutet jedoch keineswegs, dass man nicht reagieren oder mit seiner Meinung hinterm Berg halten soll. Das Resultat eines nicht wertenden Verhaltens könnte vielmehr so aussehen: Anstatt jemanden als »herzlos und egoistisch« zu beschimpfen, könnte man sagen: »Wenn du mir dein

Auto nicht leihen willst, obwohl du es selbst nicht benutzt und ich es dringend brauche, macht mich das traurig und wütend.« Wir werden im nächsten Kapitel darauf zurückkommen.

Innere Achtsamkeit

Die Innere Achtsamkeit – unser Vermögen, der Gegenwart mit wachen Sinnen zu begegnen – fördert unser Verständnis dafür, wie wir unsere Umwelt zur Kenntnis nehmen, sie beurteilen und auf sie reagieren. Bringen wir dem gegenwärtigen Augenblick diese Achtsamkeit entgegen, steigern wir unsere Wahrnehmungsfähigkeit und lernen etwas darüber, wie uns die Umwelt beeinflusst.

Doch was müssen wir tun, um achtsamer zu werden? Zunächst beobachten und dann beschreiben, ohne ein Werturteil zu fällen. Der nächste Schritt ist die vollkommene innere Beteiligung an allem, was um uns herum geschieht. Wir konzentrieren uns auf unser Leben und gewinnen zunehmend Kontrolle darüber.

Denken Sie daran, was geschieht, wenn wir ein Computerspiel spielen. Weil unablässig etwas passiert, dürfen wir unsere Konzentration in keiner Sekunde vernachlässigen. Innere Achtsamkeit bedeutet, jedem Moment des Alltags dieselbe Konzentration entgegenzubringen.

Ich habe vorhin von Selbstbeobachtung gesprochen. Sie vermittelt uns eine Vorstellung davon, wie die Innere

Innere Achtsamkeit – vier Eckpunkte

- **Beobachten:** Unsere Handlungen, Gefühle, Gedanken und Reaktionen bewusst zur Kenntnis nehmen. Konzentration auf den Augenblick.

- **Beschreiben:** Unsere Eindrücke in Worte fassen. Unsere Reaktionen von den Vorgängen unterscheiden, die sie verursacht haben. Unsere Gedanken und Gefühle als subjektiven Reflex auf Situationen und Handlungen begreifen.

- **Nicht werten:** Beobachten und beschreiben, ohne sich Werturteilen wie »richtig« oder »falsch« zu bedienen. Seine Aufmerksamkeit hingegen auf Handlungen und Konsequenzen richten.

- **Anteil nehmen:** Flexibel und spontan an den Geschehnissen der Umwelt teilnehmen ohne die Aufmerksamkeit auf sich selbst zu richten.

Modifiziert nach Marsha Linehan
(siehe Literaturhinweise)

Achtsamkeit uns einen größeren Einfluss auf unser Leben ermöglicht. Indem wir uns vergegenwärtigen, welche Sinneseindrücke, Gedanken und Gefühle unser Bewusstsein prägen, können wir auch verstehen, inwieweit wir uns von äußeren Eindrücken beeinflussen lassen.

Indem wir unsere Aufmerksamkeit kontrollieren, können wir selbst entscheiden, auf welche Aspekte der Umwelt wir reagieren wollen. Wir erhalten quasi ein funktionierendes Werkzeug, das wir benutzen können, um unsere Ziele zu erreichen.

Die innere Bühne

Das Bild, das mir am meisten geholfen hat, das Prinzip der Inneren Achtsamkeit zu verstehen, ist die Theaterbühne. Auf diesem Bild baut das Buch auf.

Versuchen Sie sich einmal vorzustellen, dass all Ihre Wahrnehmungen, Gedanken und Gefühle auf einer inneren Bühne vor sich gehen. Sie selbst sitzen entspannt im dunklen Zuschauerraum und lauschen mehr oder minder konzentriert. Um zu verstehen, was ich meine, können Sie auch folgende Übung durchführen:

Lesen Sie zunächst die folgenden zwei Absätze. Wenn Sie das getan haben, schließen Sie die Augen und konzentrieren sich voll und ganz auf die Geräusche Ihrer Umgebung. Fahren Sie ein, zwei Minuten damit fort; bleiben Sie ganz ruhig; nehmen Sie immer mehr Geräusche wahr; registrieren Sie, wie sie sich verändern, und füllen Sie die Bühne mit diesen Geräuschen. Nichts anderes mehr ist von Bedeutung.

Dann widmen Sie sich einem anderen Sinneseindruck – öffnen Sie die Augen und konzentrieren Sie Ihren Blick auf einen Gegenstand in Ihrer Umgebung. Es spielt keine Rolle, auf welchen. Versuchen Sie Ihre Aufmerksamkeit für ein, zwei Minuten nur auf diesen Gegenstand zu richten. Falls Sie die Konzentration verlieren, versuchen Sie es erneut. Möglicherweise müssen Sie mehrere Anläufe nehmen, bis es Ihnen gelingt. Halten Sie durch!

Dies ist der Anfang.

Was ist geschehen? Sie haben entschieden, was auf Ihrer inneren Bühne im Rampenlicht stehen soll. Wahrscheinlich haben Sie einige Hintergrundgeräusche gehört, die Sie erst wahrnahmen, nachdem Sie die Augen geschlossen hatten. Vermutlich haben Sie bei dem Gegenstand, den Sie danach angesehen haben, auch mehr Details entdeckt als zuvor. Damit hat sich Ihre Wahrnehmung der Umwelt bereits ein wenig geändert. Das ist die tragende Idee dieses Buches: Es soll Ihnen helfen, Ihre Sinne zu schärfen. Darüber hinaus werden Sie ein paar praktische Tipps erhalten, welchen Nutzen Sie daraus ziehen können.

Ich betrachte die Innere Achtsamkeit als eine Möglichkeit, bei Bedarf das Kommando auf der eigenen inneren Bühne zu übernehmen. Wer soll auftreten? Wem will ich zuhören? Wovon will ich mich beeinflussen lassen?

Das ist die eine Seite der Medaille. Das steuern zu können, was sich auf unserer inneren Bühne abspielt, ist in mehrfacher Hinsicht von unschätzbarem Wert. Es gibt aber auch Situationen, in denen wir gut daran tun, unser Repertoire zu vernachlässigen. Diese andere Seite der Medaille heißt Akzeptanz – die Fähigkeit, die Vorgänge auf unserer inneren Bühne wahrzunehmen, ohne sie beeinflussen zu wollen. Ideal ist eine ausgewogene Balance zwischen Steuerung und Akzeptanz, damit sich das Theater den wechselnden Umständen anpassen kann.

Wenden wir uns wieder unserer Wahrnehmungsfähigkeit zu. Sie können sich Ihre Aufmerksamkeit wie einen Scheinwerfer vorstellen. Wenn Sie die Kontrolle über den Scheinwerfer haben, können Sie beispielsweise einen nebensächlichen Gegenstand ins Rampenlicht rücken. Versuchen Sie es mit der nächsten Übung:

Vermutlich schenken Sie Ihrer Zunge im Alltag nur wenig Beachtung. Sie ist nur ein Statist. Wenn Sie während des Lesens etwas essen oder trinken, wird Ihnen die Zunge allenfalls einen Geschmack oder eine Temperatur mitteilen.

Lassen Sie der Zunge auf Ihrer inneren Bühne nun eine Hauptrolle zukommen. Richten Sie Ihre volle Konzentration auf sie. Spüren Sie, wie sie in Ihrem Mund liegt und mit der Spitze die Vorderzähne berührt. Fahren Sie mit ihr an den hinteren Zähnen entlang. Registrieren Sie, wie sich ihre Oberseite an den Gaumen presst und wie sie sich in der Kehle anfühlt.

Überprüfen Sie nun, wie sich Ihre Wahrnehmung geändert hat. Die meisten, die sich derart auf ihre Zunge konzentrieren, haben das Gefühl, sie schwelle an. (Keine

Sorge, diese Übung ist absolut ungefährlich.) Das ist ein schlagendes Beispiel dafür, wie aus einer Neben- eine Hauptrolle werden kann – oftmals auf Kosten anderer, eigentlich interessanterer Darsteller.

Wie wir erfahren, was geschieht

Die innere Bühne befindet sich in unserem Gehirn. Ein Umstand, der die alten Griechen, die glaubten, Gedanken und Gefühle gingen vom Herzen aus, sicher überrascht hätte. Die Arbeitsbeschreibung des Gehirns lässt sich etwa so formulieren:

- Informationen über die Umwelt und den Körper einholen
- Entscheiden, wie wir uns unter den gegebenen Umständen verhalten sollen; Ausarbeiten eines intelligenten Plans
- Ausführen!
- Resultat prüfen
- Bei Bedarf den Plan revidieren und einen neuen Versuch starten

Unterstützt wird das Gehirn von unserer Sinneswahrnehmung. Manche Sinne richten sich nach außen (hören, sehen, riechen), während andere nach innen gerichtet sind: Empfindsame Sensoren stellen fest, wie viel Zucker, Säure und Kohlendioxid in unserem Blut vorhanden sind. Sie geben die Körpertemperatur bekannt und berichten über Liebkosungen und schmerzhafte Berührungen.

Einige der Sinne lassen sich steuern – wir entscheiden selbst, was wir ansehen, schmecken oder berühren wollen. Andere stehen mit Teilen des Gehirns in Verbindung, die unserem Bewusstsein nicht zugänglich sind – Herzschlag und Atmung funktionieren quasi »von allein«. Ein Schmerz meldet sich gemeinhin, auch wenn wir nicht nach ihm suchen.

Informationen werden ständig weitergegeben, doch nur ein verschwindend kleiner Teil von ihnen erreicht unsere innere Bühne. Interessant daran ist, nach welchen Kriterien sie ausgewählt werden.

Was nehmen wir wahr? Was findet Eingang auf unsere innere Bühne, und wie ist gerade diese Information dorthin gelangt? Wie wir alle wissen, ist unsere Wahrnehmung an höchst subjektive Kriterien gebunden. Wenn sich zwei Personen über die gestrige Party oder den letzten gemeinsamen Sommerurlaub unterhalten, fragen wir uns manchmal, ob sie wirklich am selben Ort waren. Sie haben verschiedene Dinge wahrgenommen und auf unterschiedliche Art und Weise reagiert – darum unterscheidet sich auch ihre Erinnerung voneinander. Das ist Küchenpsychologie. Ein Konzert kann den einen Menschen zu Tränen rühren, während sich ein anderer vor Langeweile kaum wach halten kann. Drei wild umherspringende große Hunde jagen der einen Person einen riesigen

Schreck ein, während sich eine andere so über den An-
blick freut, dass ihr Tag gerettet ist.

Ein wichtiger Aspekt unserer Wahrnehmung muss in
diesem Buch leider unberücksichtigt bleiben, weil er dessen Rahmen sprengen würde: Wir wissen, dass wir sogar von Informationen beeinflusst werden, die wir unbe-
wusst aufnehmen. Wir reagieren zum Beispiel auf Fotos
zorniger Gesichter, die uns nur so kurz gezeigt werden,
dass wir uns dessen gar nicht bewusst sind. Das Gehirn
verarbeitet diese Bilder zudem an einem anderen Ort als
das Foto, das sich die Versuchsperson längere Zeit ansehen konnte.

Das Ensemble der inneren Bühne

Wer auf unserer inneren Bühne erscheint – auf der unsere ewige Vorstellung vom Leben und der Welt statt-
findet –, hängt davon ab, worauf wir unser Augenmerk
richten. Es ist wenig überraschend, dass wir oft nicht genau wissen, was genau sich dort abspielt. Auch fragen
wir uns manchmal, wie gewisse Schauspieler eigentlich
auf die Bühne gelangt sind und warum sie nun im Rampenlicht stehen. Einer der Vorzüge der Inneren Achtsamkeit besteht darin, dass sie uns eine größere Kontrolle
über den Spielplan und die Besetzung ermöglicht. Das ist
umso wichtiger, da uns das innere Theaterstück oft zum
Handeln zwingt (oder auch dazu, uns vollkommen pas-

siv zu verhalten). Da unser inneres Theater aber einen immensen Einfluss auf unser Leben hat, ist es von großem Vorteil zu wissen, was dort geschieht. Unser eigenes Verhalten ist uns auch deshalb mitunter ein Rätsel, weil wir unseren Gedanken und Gefühlen keine Beachtung schenken. Dann fragen wir uns, wie es zu einem bestimmten Verhalten überhaupt kommen konnte. Was ist nur in mich gefahren? Warum bin ich nicht in der Lage, meine guten Vorsätze in die Tat umzusetzen? Warum muss ich mich immer für alles entschuldigen?

Ich sehe eine deutliche Parallele, was unseren Körper betrifft. Wir wissen, dass es wesentlich von unseren Essgewohnheiten abhängt, ob wir Übergewicht oder Diabetes bekommen. Um gesund zu bleiben oder besser in Form zu kommen, nachdem wir zu lange zu viel gegessen haben, müssen wir die Aufmerksamkeit auf unsere Nahrungsaufnahme richten. Wir sollten uns gesündere Ernährungsgewohnheiten zulegen.

Ebenso können wir unsere Psyche hinterfragen: Womit füttere ich Tag für Tag meine Sinne und mein Bewusstsein? Welchen Einfluss hat das auf mich? Die Innere Achtsamkeit macht uns bewusst, was wir unserer Psyche zuführen. Und seltsam genug: Je deutlicher wir erkennen, was auf unserer inneren Bühne vor sich geht, desto besser können wir auch verstehen, was wir empfinden, wie wir unsere Umwelt sehen und in unserem Leben agieren.

Eine Übung mit zwei Schauspielern

Lassen Sie einmal jemanden die Bühne betreten, der Ihnen unangenehm ist. Konzentrieren Sie sich auf ihn oder auf sie. Denken Sie intensiv darüber nach, was er oder sie getan hat, das Ihnen nicht behagt. Das ist in der Regel kein großes Problem. Nachdem Sie dies eine Weile getan haben, richten Sie Ihre Aufmerksamkeit auf Ihren eigenen Körper. Ist er angespannt oder unruhig? Fühlt er sich schwer an? Erleben Sie bewusst, wie viel Unbehagen Sie spüren, wenn diese Person Ihre innere Bühne betritt.

Dann werden die Schauspieler ausgetauscht. Sie lassen denjenigen abtreten, der Ihnen Unbehagen oder Angst bereitet, und stellen stattdessen eine Person ins Rampenlicht, die Sie am liebsten sofort umarmen würden. Nehmen Sie jemanden, in den Sie verliebt sind – oder auch Ihre Großmutter, die Katze, Ihr Enkelkind oder Ihre beste Freundin. Denken Sie intensiv an diese Person, und stellen Sie sich die Umarmung vor.

Dann machen Sie sich erneut bewusst, wie Sie sich jetzt fühlen. Die meisten Menschen empfinden einen beträchtlichen Unterschied, je nachdem, ob sich jemand auf ihrer inneren Bühne befindet, den sie ablehnen oder fürchten – oder ob es sich um eine Person handelt, die ihnen am Herzen liegt, ihnen Sicherheit gibt oder ihr Selbstvertrauen stärkt.

Das eigentlich Interessante an dieser Übung ist die Er-

kenntnis, dass die Schauspieler nicht einfach auf- und abtreten, wie es ihnen passt. Man kann dies selbst steuern,
so wie Sie es gerade bei dieser Übung getan haben.

Wir alle sind in der Lage, das Repertoire unseres inneren Theaters zu beeinflussen. Manche von uns tun dies
nach Kräften, andere fast gar nicht.

Kurs für Theaterdirektoren

Dieses Buch handelt von uns selbst als Regisseur unserer
inneren Inszenierung. Wie soll das Bühnenbild aussehen?
Wie ist die Besetzung? Wie erreichen wir, dass die Vorstellung auch unseren Erwartungen entspricht? Wie können
wir uns die Gegenwart zunutze machen – den einzigen
Teil unseres Lebens, den wir beeinflussen können?

Die Erfahrungen, auf die ich mich beziehe, entstam-
men teils eigenen Übungen, teils meiner Arbeit mit der
Inneren Achtsamkeit als Ausbilderin und Therapeutin.

Ich weiß, dass sich das Konzept verführerisch einfach
anhört. Doch weiß ich auch, wie schwer es ist, sich die
Innere Achtsamkeit tatsächlich zunutze zu machen, um
kluge Entscheidungen zu treffen und mehr Freude zu
empfinden. Deshalb orientiert sich dieses Buch vor allem
an der praktischen Nutzanwendung.

*Regie-
anweisung*

Willkommen, liebe Theaterdirektoren, zu diesem Kurs in neun Abschnitten, der Ihnen Ihre Arbeit in Zukunft erleichtert soll. Die Schlüsselbegriffe lauten: beobachten, beschreiben, nicht werten und Anteil nehmen. Dieser Kurs soll Sie einerseits in die Lage versetzen, einen größeren Einfluss auf Ihr Theater zu gewinnen, Ihnen andererseits bewusst machen, dass man Schauspieler auch gewähren lassen muss, damit es zu einem ausgewogenem Verhältnis von gezieltem Eingreifen und bewusster Akzeptanz kommt.

Gedanken

Wir erschaffen die Welt durch unsere Gedanken.
Buddha

Wenn Buddha sagt, dass wir die Welt durch unsere Gedanken erschaffen, meint er damit, dass wir nicht auf die Umwelt an sich reagieren, sondern auf unsere Interpretation dieser Umwelt. Interpretationen werden oft in Form von Gedanken ausgedrückt, wie zum Beispiel: »Er will mir nichts Böses« oder: »Das wird schon gut gehen!« oder: »Man kann niemand vertrauen« oder: »Ich bin ein Mensch, der allgemein sehr beliebt ist«.

Die kognitive Verhaltenstherapie geht von derselben Annahme aus: Unsere Gedanken über die Außenwelt münden in bestimmte Gefühle und Handlungen. Deshalb muss man in erster Linie an den Gedanken arbeiten, wenn man die Gefühle und das Verhalten beeinflussen will.

Ein Beispiel: Wir hören ein Geräusch aus dem Nebenzimmer und bekommen es mit der Angst, weil wir glauben, es handele sich um einen Einbrecher. Es sind also unsere Gedanken und unsere Interpretation der Situation, die uns Angst machen, nicht das Geräusch an sich.

Ebenso gut hätten wir zornig reagieren können, wären wir der Auffassung gewesen, das Geräusch stamme von unserem halbwüchsigen Sohn, der zwei Stunden später nach Hause kommt als verabredet – oder auch traurig, hätten wir uns eingeredet, dass die Katze gerade unsere Lieblingsvase vom Tisch gefegt hat.

Aus der Perspektive des Theaterdirektors sind diese Gedanken nichts anderes als die Kommentare der Schauspieler.

Die Beobachtung der Gedanken

Um den eigenen Gedanken mehr Aufmerksamkeit zu schenken, müssen wir zunächst lernen, darauf zu hören, was auf der inneren Bühne vor sich geht. Für manche jagen die Gedanken so schnell vorbei, dass sie kaum wahrgenommen werden.

Will man seine Gedanken beobachten, muss man seine Aufmerksamkeit zunächst auf die innere Bühne richten. Anfangs kann es geschehen, dass alle Schauspieler verstummen, sobald Sie das Bühnenlicht einschalten – plötzlich scheinen alle Gedanken verschwunden zu sein. Das ist ganz normal und wird vorübergehen. Es kann eine gute Hilfe sein, sich erst einmal Situationen zu suchen, in denen die Gedanken verhältnismäßig leicht einzufangen sind. Je mehr Sie das trainieren, desto leichter wird es Ihnen fallen, sodass Sie allmählich Ihren Gedanken nachspüren können, wann immer Sie wollen. Man kann das mit der Hintergrundmusik in einem Geschäft vergleichen. Am Anfang nimmt man sie kaum wahr, doch wenn man genau hinhört, weiß man sogar, um welche Musik es sich handelt.

In unseren Köpfen spielt oft eine leise Hintergrundmusik von Gedanken, die Kommentare zu bestimmten Situationen abgeben. Gedanken wie »Kein Problem, das schaffst du mit links!« oder »Vorsicht, Gefahr!« oder »Mein Gott, wie erbärmlich!« oder »Hoffentlich fragt er jetzt nicht mich!« folgen oft rasch aufeinander. Diese Kommentare beeinflussen wiederum unsere Gefühle und haben großen Einfluss auf unser Verhalten.

Ein Beispiel: Ein Hund läuft Ihnen auf der Straße entgegen. Sie denken: »Aha, ein Dackel« oder »Hilfe, ein Hund!« oder »Schrecklich mit diesen Stadthunden, die überall hinmachen« oder »Ach, wie niedlich! So einen wollte ich schon immer haben. Vielleicht sollte ich mich gleich mal nach dem Züchter erkundigen.«

So, wie Ihre Gedanken waren, werden Sie die Situation auch im Nachhinein empfinden. Möglicherweise hat Sie die Begegnung mit dem Hund emotional kaum berührt. Es kann aber auch sein, dass Sie Angst hatten, verärgert waren oder von diesem zärtlichen Gefühl erfüllt wurden, das junge Lebewesen im Allgemeinen in uns hervorrufen können. Die Geschehnisse der äußeren Welt – hier in Gestalt eines kleinen Hundes – beeinflussen uns also in vielfältiger Weise, und welcher Art dieser Einfluss ist, hängt maßgeblich von unseren Gedanken ab.

Unterscheidung zwischen
Interpretation und Tatsachen

Der nächste wichtige Punkt ist die Erkenntnis, dass Gedanken Interpretationen sind. In vieler Hinsicht erinnern Gedanken an die Schlagzeilen der Zeitungen, die mit der Wahrheit mal mehr, mal weniger zu tun haben. Wenn Sie versuchen, die Geräusche aus dem Nebenzimmer zu deuten, ist es nicht unwahrscheinlich, dass Sie sich irren. Sie gehen von einem Einbrecher aus, während es sich in Wahrheit um Ihren Sohn oder die Katze handelt. Oder umgekehrt. Wenn Sie angesichts eines achtwöchigen Dackelwelpen in Panik geraten, haben Ihre Gedanken Sie unnötig aufgeschreckt.

Das ist eine der wesentlichen Komponenten der Inneren Achtsamkeit – sich klarzumachen, dass Gedanken Gedanken und keine Tatsachen sind. Gedanken sind nichts anderes als die *Beurteilung des Gehirns*, was in der Realität vor sich geht. Oft ist diese Beurteilung angemessen und richtig, mitunter aber auch unverhältnismäßig oder völlig falsch.

Nicht werten

Der nächste wichtige Schritt hin zur Inneren Achtsamkeit ist die Unterscheidung zwischen beschreibenden und wertenden Gedanken. Werten heißt in diesem Fall, dass man Erscheinungen aus subjektiver Perspektive als gut/ schlecht, schön/hässlich, richtig/falsch oder geglückt/missglückt klassifiziert.

Einige Beispiele, bezogen auf die Begegnung mit dem kleinen Hund: »Was für ein hässliches Vieh!«, »Mit Hunden konnte ich schon immer gut« oder »Oh, wie niedlich!« sind Wertungen. Hier geben wir einer subjektiven, vielleicht falschen Auffassung einer Erscheinung Ausdruck.

Der Satz »Ich finde Dackelwelpen nicht niedlich« ist hingegen eine Feststellung und zeigt, dass man sich über seine eigenen Reaktionen im Klaren ist. Die Aussage wird nicht als wertend betrachtet, da wir uns nicht zu Welpen im Allgemeinen geäußert haben. Achten Sie auf den Unterschied.

- »Heike ist so unheimlich anstrengend!« *Wertender Gedanke*
- »Es ärgert mich, dass Heike mir fortwährend sagen will, was ich zu tun habe.« *Beschreibender Gedanke*
- »Was für ein scheußliches Essen!« *Wertender Gedanke*

- »Ich mag kein frittiertes Essen.« *Beschreibender Gedanke*
- »Ich finde frittiertes Essen ekelhaft.« *Beschreibender Gedanke*
- »Ich bin so unglaublich blöd!« *Wertender Gedanke*
- »Ich ärgere mich über mich selbst, wenn ich andere unterbreche.« *Beschreibender Gedanke*
- »Ich bin so hübsch!« *Wertender Gedanke*
- »Bei meinen langen Beinen könnte ich als Fotomodell arbeiten.« *Beschreibender Gedanke.*
  Dass viele, aber durchaus nicht alle Menschen das Aussehen eines Fotomodells für erstrebenswert halten, ist eine andere Sache.

Sich Wertungen zu enthalten, ist einer der Grundpfeiler der Inneren Achtsamkeit – für viele ist das sowohl der schwierigste als auch der befreiendste Teil der Gedankenarbeit. Schwierig insofern, da wir es uns zur Gewohnheit gemacht haben, uns selbst und die Umwelt zu bewerten. Befreiend, weil unsere wertenden Gedanken zu Gefühlen und Handlungen führen können, die den Erfordernissen einer Situation nicht entsprechen. Begnügt man sich beim oben genannten Beispiel mit der Feststellung, Heike sei eine »verdammte Besserwisserin«, dann wird man sich aller Voraussicht nach auch weiterhin über sie ärgern. Das hilft aber nicht im Umgang mit der gegenwärtigen Situation und führt zu ineffektivem Verhalten. Vermutlich werden Sie ihr das nächste Mal unfreundlich gegenübertreten oder – was noch ineffektiver ist – im Beisein von anderen über sie herziehen.

Wenn Sie jedoch achtsam sind und es mit einer neutralen, nicht wertenden Beschreibung versuchen, werden Sie vielleicht Folgendes äußern: »Fast jeden Tag kommentiert Heike all meine Handlungen. Sie will, dass alles nach ihrer Methode erledigt wird, obwohl meine viel effektiver ist. Das macht mich wütend und traurig.«

Diese Beschreibung setzt vermutlich weniger starke Gefühle in Gang als der Gedanke, mit einer Person zusammenarbeiten zu müssen, die enorm anstrengend und ungerecht ist. Sie schafft darüber hinaus bessere Voraussetzungen dafür, mit der Situation umgehen zu können.

Es bedarf weiterer Informationen (siehe Kapitel 7 über die äußere Situation), um die Gleichung überschaubar zu machen. Wie sieht Ihr Arbeitsverhältnis mit Heike aus? Falls Heike die Firma gehört, für die Sie arbeiten, müssen Sie sich womöglich mit Arbeitsmethoden abfinden, die Sie sich nicht ausgesucht haben und auf die Sie keinen Einfluss nehmen können. Doch wenn Heike nicht Ihre Chefin ist? Wenn sie in keiner Weise für Ihre Arbeit verantwortlich ist, dann sollten Sie vielleicht mit ihr selbst oder mit Ihrem Vorgesetzten sprechen. Man sollte das Problem aufgreifen, um es einer Lösung zuzuführen – niemand muss es hinnehmen, sich am Arbeitsplatz tagtäglich kritisieren zu lassen.

Auch im Gespräch mit Ihrem Vorgesetzten tun Sie gut daran, sich Wertungen zu enthalten. Wenn Sie sich ausschließlich darüber beschweren, wie anstrengend die Zusammenarbeit mit Ihrer Kollegin sei, wird es ihm schwer fallen, die Situation richtig einzuschätzen. Stattdessen sollten Sie ihm konkrete Beispiele nennen und ihm sagen, wie Sie sich dabei fühlen.

Das kann schwieriger sein, als es sich anhört. Für viele von uns ist es eine tief verwurzelte Angewohnheit, äußere Erscheinungen, sich selbst und andere zu bewerten. Damit aufzuhören, mag für manche so klingen, als müsse er seine Persönlichkeit aufgeben: Darf ich denn zu gar nichts mehr eine Meinung haben? Aber natürlich. Nur sollte Ihnen bewusst sein, dass Sie in diesem Moment eine subjektive Meinung vertreten. Dieses Bewusstsein kann zu größerer Klarheit führen. »Das ist schön!« wird ersetzt durch: »Ich finde, dass es schön ist.« »Es ist störend, wenn Leute immerzu Kaugummi kauen« wird ersetzt durch: »Es stört mich, wenn Leute immerzu Kaugummi kauen.«

Sich Wertungen zu enthalten, heißt nicht, keine Meinungen zu haben, sondern die eigene Subjektivität transparent zu machen. Manchen hilft dies auch, die innere Ruhe zu bewahren. Je weniger wir urteilen, desto geringer ist die Gefahr, sich von den eigenen Gefühlen mitreißen zu lassen.

Gedanken, die Probleme bereiten

Oft können wertende Gedanken uns Schwierigkeiten bereiten. Vor allem, wenn wir negative wertende Gedanken über uns selbst haben: »Mein Gott, wie konnte ich nur so was Idiotisches machen? Die halten mich sicher für übergeschnappt. Ich bin so dumm« (oder hässlich) etc.

Es ist äußerst beschwerlich, mit einer ständigen Hintergrundmusik der Selbstkritik leben zu müssen. Stellen Sie sich einen Menschen vor, der sich unablässig wertende Kommentare anhören muss, wie zum Beispiel: »Du kapierst wirklich gar nichts« oder: »Was du sagst, ist völlig uninteressant«. Wenn einem dieser Mensch am Herzen liegt, wird man vermutlich versuchen, ihn vor diesen Kommentaren zu schützen. Genauso sollte man sich selbst vor den negativen Gedanken der inneren Bühne schützen.

Um einen wertenden Gedanken loszuwerden, muss man ihn zunächst als Gedanken – und nicht als Tatsache – identifizieren. Dass man sich für dumm *hält*, bedeutet nicht unbedingt, dass man auch dumm *ist*.

Als Nächstes versuchen Sie die Situation auf nicht wertende Weise zu beschreiben. Was hat dazu geführt, dass Sie sich für dumm halten? Sie sind aus dem Haus gegangen und haben vergessen, Ihren Schlüsselbund mitzunehmen? Sie waren offenbar ein wenig unaufmerksam, als Sie das Haus verließen. Vielleicht sind Sie manchmal etwas vergesslich. Aber das bedeutet in keiner Weise, dass Sie dumm sind. Hingegen ist es schon Strafe genug, seine Schlüssel zu vergessen. Da brauchen Sie sich nicht auch noch selbst zu beschimpfen, um zu verhindern, dass es wieder geschieht.

Man kann sich fragen, welchen Ursprung diese negativen wertenden Gedanken haben und warum sie uns überhaupt in den Sinn kommen. Eine mögliche Antwort lautet, dass wir versuchen, unser Verhalten zu beeinflussen, indem wir uns beschuldigen (sofern wir der Meinung sind, wir hätten einen Fehler gemacht). Wenn wir etwas gegen diese Gedanken tun wollen, dann sollten wir uns zunächst klarmachen, dass Bestrafungen das ungeeignetste Mittel sind, um jemanden zu besserem Verhalten anzuregen.

Stellen Sie sich vor, Sie sind Tennislehrer und wollen eine neue pädagogische Maßnahme einführen. Jedes Mal, wenn ein Schüler den Ball ins Netz schlägt, geben Sie ihm eine Ohrfeige. Sie finden sicherlich selbst, dass sich das vollkommen lächerlich anhört. Warum? Weil vollkommen klar ist, dass sich der Schüler aus Angst vor der nächsten Ohrfeige nicht mehr auf den Ball konzentrieren kann und umso mehr Fehler machen wird. Außerdem wird das Training so ungemütlich, dass Sie binnen kurzer Zeit all Ihre Schüler verlieren werden.

Tennislehrer wissen, dass man Schüler nicht bestrafen muss, wenn sie einen Ball ins Netz schlagen. Hingegen werden sie einen Nutzen daraus ziehen, wenn man ihnen erklärt, warum der Ball im Netz gelandet ist. Standen sie falsch zum Ball? Haben sie nicht richtig vorausgesehen, wo ihr Gegner ihn hinspielen wird? Sind sie zu zögerlich, wenn sie ans Netz vorrücken? Müssen sie ihre Rückhand verbessern?

Die Schüler wissen von vornherein, dass sie den Ball treffen sollen. Das braucht ihnen ihr Trainer nicht extra zu sagen. Die kritischen inneren Stimmen haben von Pädagogik keine Ahnung – sie begnügen sich damit, auf den missglückten Schlag hinzuweisen und schicken ein paar Beleidigungen hinterher.

Das Problem besteht nicht in dem Hinweis, dass der Schlag missglückt ist. Das ist eine Tatsache, die der Schüler zur Kenntnis nehmen muss, um sein Spiel zu verbessern. Das Problem besteht darin, dass Beleidigungen ihm nicht helfen, es nächstes Mal besser zu machen.

Dasselbe gilt, wenn wir unser Verhalten ändern wollen – und wer will das nicht hin und wieder? Auch in dieser Hinsicht werden wir mehr Erfolg haben, wenn wir zunächst beobachten und beschreiben, uns eines Urteils jedoch enthalten. Deshalb sollten überkritische Schauspieler erst mal die Bühne verlassen und den Kollegen das Wort überlassen, die etwas Konstruktives zu sagen haben.

Denken Sie daran, dass auch positive Wertungen Probleme verursachen können. Wenn wir unsere Fähigkeiten als Autofahrer überschätzen, nehmen wir eine enge Kurve vielleicht zu schnell und bringen damit uns selbst und andere in Lebensgefahr. Wenn wir ständig wiederholen, wie tüchtig jemand sei, kann die Tüchtigkeit zu einem Zwang werden und zu einer übertriebenen Angst vor dem Scheitern führen. Jemand als clever, als »Pfundskerl« oder »Perle« zu bezeichnen, sagt auch im Grunde nur wenig über diese Person aus. Oft ist es zufriedenstellender zu erfahren, der Chef sei beeindruckt von der Lösung einer ganz bestimmten Aufgabe gewesen, als von irgendjemandem zu hören, man sei einfach »fantastisch«. Wir erhalten zudem eine konkrete Information darüber, womit der Chef zufrieden war, was es uns erleichtern würde, beruflich voranzukommen.

Andere problematische Gedanken sind diejenigen, die vollkommen fehl am Platz sind. Falls man Panik in einer Warteschlange bekommt, sollte man sich nicht einreden, das eigene Leben sei in Gefahr.

Wie man problematische Gedanken verhindert

Wie kann der Theaterdirektor seine Bühne in den Griff bekommen? Es gibt verschiedene Strategien, unerwünschte Schauspieler von der Bühne zu entfernen oder die Gefahr, die von ihren überkritischen Kommentaren ausgeht, zu mindern. Ob diese Strategien auch funktionieren, ist von Person zu Person verschieden. Es kommt auf den Versuch an. Doch gleichgültig welcher Methode man schließlich den Vorzug gibt – ein gewisses Training ist unerlässlich.

Das ist, als würde man noch einmal das Fahrradfahren erlernen. Ist der Anfang auch schwer, so darf man nicht aufgeben.

Vor allem kommt es darauf an, Gedanken auch als Gedanken wahrzunehmen. Ein paar Schauspieler stehen auf der Bühne und sprechen ihre Dialoge. Das ist alles. Diese Dialoge, die wir hören, sind nur Gedanken – keine Tatsachen. Ebenso verhält es sich mit Erinnerungen. Viele Jahre später braucht man nicht mehr dieselbe Angst zu empfinden wie damals, als das Ereignis stattfand. Erinnerungen sind nichts Gefährliches, obwohl unser Gehirn das nicht immer einsieht.

Wenn wir das, was auf der inneren Bühne vor sich geht, als Gedanken, als Kommentare, identifiziert haben, können wir uns mit der Frage befassen, ob wir diese Schauspieler wirklich auf der Bühne sehen und ihnen zuhören wollen. Ob wir wirklich Lust haben, uns mit diesem ganz bestimmten Stück auseinanderzusetzen.

Ein innerer Schauspieler kann zum Schweigen gebracht werden, indem man ihm die eigenen Argumente entgegenhält. Wenn er zum Beispiel behauptet, es spiele keine Rolle, ob Sie noch eine letzte Zigarette rauchen, bevor Sie endgültig aufhören, könnten Sie erwidern, dass Sie dieses Argument schon jahrelang gehört haben und die letzte Zigarette doch nie die letzte gewesen sei. Dann können Sie ihn fragen: »Warum soll ich also ein weiteres Mal darauf hereinfallen? Die letzte Zigarette habe ich bereits geraucht. Hast du das schon vergessen?«

Sollte der Schauspieler Sie mit der Behauptung erschrecken, Sie würden ohnehin wieder schwach werden, entgegnen Sie ihm, dass er nicht überzeugend klinge. Bisher hätten Sie allen Versuchen widerstanden und sich diesmal auch richtig auf die neue Situation vorbereitet.

Eine andere Möglichkeit ist die Akzeptanz: die Fähigkeit, die Gedanken einfach kommen und gehen zu lassen. Zu registrieren, wie sie sich einstellen und wieder verflüchtigen, was sie zwangsläufig tun werden, wenn man ihnen keine allzu große Beachtung schenkt. »Aha, da kommt mal wieder ein wertender Gedanke. Und da noch einer. So ist das eben, aber ich brauche mich nicht groß darum zu kümmern, sie haben ohnehin nichts Wichtiges zu sagen.« Wer für bildhafte Vergleiche empfänglich ist, kann sich selbst als kleinen See betrachten: Wenn Wolken vorüberziehen, spiegeln sie sich eine Zeit lang in seiner Oberfläche, ohne irgendwelche Spuren zu hinterlassen, und treiben dann weiter. Irgendwann ziehen die nächsten Wolken heran... Lassen Sie die Gedanken, die inneren Stimmen, wie Wolken an sich vorbeiziehen, gleichgültig, was sie zu sagen haben. Machen Sie sich bewusst, dass es sich nur um Gedanken handelt. Falls ein beschwerlicher Gedanke auftaucht, vergegenwärtigen Sie sich, dass dieser Gedanke keine konkrete Situation darstellt, bevor Sie ihn weiterziehen lassen. Ein anderes Bild ist das eines Zimmers mit weit geöffneten Türen, durch die Ihre Gedanken ungehindert hinein- und hinausgleiten. Sie brauchen sich nicht weiter um sie zu kümmern. Sie nehmen sie einfach wahr, ohne sich von ihnen beeinflussen zu lassen. Es sind nichts als Gedanken, die sich in diesem Raum befinden.

Eine dritte Variante besteht darin, die Situation zu beobachten, ohne ein Urteil zu fällen. Ein Beispiel: Ich höre, wie sich die Mitarbeiter einer Buchhandlung darüber unterhalten, dass ich bei einer Lesung viel zu leise gesprochen habe und kaum zu verstehen war. Nun könnte ich mir selbst schwere Vorwürfe machen: »Oh, wie peinlich! Aber ich bin ja selbst schuld. Warum habe ich nicht besser aufgepasst? Als Vorleserin bin ich wirklich eine Niete.«

Wenn ich mich aber damit begnüge, mir objektiv Rechenschaft darüber abzulegen, was passiert ist, könnte ich auch Folgendes denken: »Ich kam, wurde nervös und vergaß, meine Stimme zu heben. Jetzt bin ich traurig darüber, dass die Leute mich so schlecht verstanden haben.«

Das ist eine wertfreie Beschreibung.

Was kann ich ändern? Ich kann mich damit abfinden, dass ich eben leise spreche, und darauf achten, dass ich beim nächsten Mal ein Mikrofon bekomme. Ich könnte auch einen Logopäden aufsuchen, der mit mir Stimmübungen macht, oder einen Psychologen, der mir hilft, meine Nervosität in den Griff zu bekommen. Ich kann mich natürlich auch an Freunde und Kollegen wenden, um mir praktische Ratschläge zu holen. Und warum sollte ich nicht einfach das Publikum um Mithilfe bitten?

»Ich spreche manchmal zu leise. Könnten diejenigen, die ganz hinten sitzen, mir ein Handzeichen geben, wenn ich lauter sprechen soll?«

All diese Möglichkeiten könnten dazu führen, dass ich beim nächsten Mal mehr Erfolg habe. Die wertenden Gedanken hingegen führen zu gar keiner Lösung, sondern sind offenbar nur dazu da, mich noch mehr zu verunsichern.

Wenn man beginnt, sich das Werten abzugewöhnen, gibt es eine Falle, vor der man sich in Acht nehmen muss. Manche neigen dazu, ihr Werten zu bewerten. Man tut beispielsweise irgendwas, das einen kritischen Schauspieler auf die innere Bühne ruft. Sogleich kommt der nächste Schauspieler und beginnt, den ersten zu attackieren: »Das ist doch lächerlich! Ich will mir das Werten abgewöhnen, und jetzt tue ich es wieder. Ich bin wohl einfach das geborene Opfer!« Und so geht alles nach dem alten Muster weiter.

Effektiver ist es, den ersten kritischen Kommentar einfach zur Kenntnis zu nehmen und ihn als Gedanken zu erkennen. Danach richtet man seine Aufmerksamkeit wieder auf andere Dinge, beispielsweise auf das, was in der Gegenwart geschieht. Man konzentriert sich ganz auf den gegenwärtigen Augenblick und lässt damit die kritischen Stimmen verstummen.

*Regie-
anweisung*

Also, liebe Theaterdirektoren: Beachten Sie, was auf der inneren Bühne vor sich geht, und verändern Sie nach Bedarf Ihr Repertoire. Unterscheiden Sie zwischen den Schauspielern, die etwas Nützliches zu sagen haben, und denen, die lügen, Propaganda betreiben oder auf einem Thema herumreiten, das für die Gegenwart ohne Belang ist. Denken Sie auch an die Möglichkeit, die Vorgänge auf der Bühne einfach zu akzeptieren, ohne sich den Text der Schauspieler zu sehr zu Herzen zu nehmen.

Gefühle

Zornig zu werden, ist keine Kunst.
Zornig werden kann jeder.
Eine Kunst ist es vielmehr,
auf die richtige Person zornig zu werden,
auf die richtige Weise, zum richtigen Zeitpunkt
und aus dem richtigen Grund.
Aristoteles

Wenn unsere Gedanken die Kommentare der inneren Schauspieler sind, können wir auch unsere Gefühle so betrachten: Sie entscheiden darüber, ob das, was geschieht, Komödie oder Tragödie, möglicherweise sogar ein Horrorfilm ist. Arne Öhman, Professor für Psychologie am Karolinska Institut in Stockholm, leitet seine Vorlesungen zuweilen mit dem Hinweis ein, dass ein Mensch ohne Gefühle kaum als Mensch zu betrachten sei. Unsere Gefühle durchdringen all unser Tun. Sie wechseln von Augenblick zu Augenblick und lotsen uns durch unser kompliziertes Leben. Die Bedeutung der Gefühle wird vor allem deutlich, wenn wir uns Menschen anschauen, deren Fähigkeit zu lesen, Dinge zu begreifen und ihren Gefühlen Ausdruck zu verleihen, eingeschränkt ist. Am anderen Ende der Skala befinden sich diejenigen, die eine schnelle Auffassungsgabe und Lesefähigkeit besitzen und denen es leicht fällt, ihre Gefühle auszudrücken. Solche Menschen werden als sozial und umgänglich beschrieben.

Unsere stets gegenwärtigen Gefühle beeinflussen unsere Beziehungen zu anderen, zu uns selbst und zu unserer Umwelt. Sie sorgen dafür, dass wir uns sozial verhalten und unser Leben meistern, aber sie machen uns auch verletzlich. Es kann sehr schwierig sein, mit starken und qualvollen Gefühlen umzugehen. Depression und Angststörungen sind durch lang anhaltende und starke Niedergeschlagenheit beziehungsweise Furcht gekennzeichnet.

Kann die Lösung darin bestehen, die qualvollen Gefühle zu beseitigen? Nur kurzzeitig. Denn wer niemals Trauer oder Enttäuschung empfindet, dem entgehen wichtige Informationen seiner Umwelt. Wer nie Angst hat, setzt sich unnötig gefährlichen Situationen aus. Wer niemals zornig wird, läuft Gefahr, ausgenutzt und übersehen zu werden.

Seinem Gefühlsleben mit Innerer Achtsamkeit zu begegnen, bedeutet, mit seinen Gefühlen zu leben, sie wahrzunehmen, sich aber nicht zwangsläufig von ihnen steuern zu lassen.

Warum haben wir Gefühle?

Ich will mich zunächst mit der Frage befassen, warum wir eigentlich Gefühle haben. Wir wissen heute, dass Gefühle wie Trauer, Wut oder Freude überall auf der Welt einen ähnlichen Ausdruck finden und darüber hinaus durch ähnliche Situationen hervorgerufen werden. Wir sind traurig, wenn wir etwas verlieren, das uns am Herzen lag – unabhängig davon, ob es sich um eine Beziehung, die Gesundheit oder etwas Materielles handelt. Wir haben Angst, wenn wir eine Situation als bedrohlich oder gefährlich empfinden. Zornig werden wir in der Regel, wenn uns jemand daran hindert, unsere Ziele zu erreichen, oder etwas tut, das uns bedroht oder schadet. Das gilt im Übrigen nicht nur für Menschen, wie Darwin schon 1872 in *Der Ausdruck der Gemütsbewegungen bei den Menschen und den Tieren* erklärte – es ist nicht schwierig, Angst oder Zorn bei einem Hund oder Schimpansen zu erkennen.

Da diese Gefühle so allgemeingültig sind, liegt es auf der Hand, sie als angeborene Regungen zu verstehen, mit deren Hilfe wir verschiedenen Lebenssituationen begegnen. Die Angst hilft uns, in gefährlichen Situationen die richtige Entscheidung zu treffen – besonders wachsam zu sein oder zu fliehen. Der Zorn hilft uns, unsere Interessen zu wahren. Die Scham hindert uns daran, eine Handlung zu wiederholen, die mit unseren Wertvorstellungen nicht vereinbar ist. Und die Verliebtheit sorgt dafür, dass wir einem anderen Menschen richtig nahe kommen.

Theoretisch sollten uns die Gefühle das Leben also erleichtern, doch in Wahrheit haben wir gerade mit diesen Akteuren auf der inneren Bühne so unsere Schwierigkeiten. Manchmal sind ihre Rollen zu groß oder zu klein. Gefühle verleiten uns, Dinge zu tun, die wir später bereuen, oder sie hindern uns daran, überhaupt etwas zu unternehmen. Sie können uns erschrecken und Schmerzen verursachen.

Doch glücklicherweise kann die Innere Achtsamkeit uns den Umgang mit ihnen erleichtern.

Die eigenen Gefühle beobachten und beschreiben

Die Anwendung der Inneren Achtsamkeit auf Ihre Gefühle – das kennen Sie bereits – beginnt mit Beobachtung und Beschreibung. Was empfinde ich in unterschiedlichen Situationen? Diese Frage ist keinesfalls so selbstverständlich, wie sie sich anhört. Viele Menschen unterscheiden nur sehr grob zwischen ihren Gefühlen. Entweder werden sie als angenehm (»Mir geht es gut«) oder als unangenehm (»Mir geht es schlecht«) wahrgenommen.

Wer Innere Achtsamkeit praktizieren will, muss zunächst seine Gefühle kennen lernen – sowohl die Gefühle, die man gern hat, wie Freude, Neugier, Stolz oder Verliebtheit, als auch die weniger angenehmen wie Scham, Niedergeschlagenheit, Angst oder Abscheu. Besonders unangenehm sind diejenigen, die sich gegen den eigenen Körper richten.

Beginnen Sie nun, Ihre Gefühle zu beobachten und zu beschreiben. Für manche mag sich das merkwürdig anhören – denn üblicherweise gehen wir unangenehmen Gefühlen ja solange aus dem Weg wie nur irgend möglich. Der Gedanke, sich seine Scham oder seine Angst ins Bewusstsein zu rufen, kann sinnlos und schmerzhaft erscheinen. Darum will ich an dieser Stelle eine hoffentlich aufschlussreiche Geschichte erzählen:

Ein Dolmetscher wies darauf hin, dass ein Unterschied zwischen dem Schwedischen und dem Arabischen darin bestünde, dass man im Schwedischen meist die Vogelart erwähnt, wenn man über Vögel spricht. Wir sagen, dass ein Spatz vor dem Cafétisch sitzt, dass eine Krähe den Müll auf dem Gartenweg verteilt hat oder dass ein paar Möwen auf der Kaimauer sitzen.

Auf Schwedisch fänden wir es merkwürdig, wenn jemand äußert, er sei in der Dämmerung unterwegs gewesen und habe einen Vogel schreien gehört, ohne die Vogelart zu spezifizieren. Warum sagen wir in der Regel, es sei (beispielsweise) der Schrei einer Eule gewesen? Weil unsere Aussage dann eine zusätzliche Information enthält. Wenn jemand sagt, dass eine Eule vor dem Haus sitzt, wissen wir, dass wir nicht hinauslaufen müssen, um sie einzufangen – was wir möglicherweise tun würden, wenn es ein Papagei wäre. Wir wissen, es lohnt sich nicht, darauf zu warten, dass sie anfängt wie eine Nachtigall zu singen. Wir wissen auch, dass wir uns keine Sorgen um unsere Erdbeeren oder Kirschen zu machen brauchen. Wir können unser Verhalten der spezifischen Situation anpassen.

Genauso verhält es sich mit unseren Gefühlen. Je genauer wir wissen, was wir empfinden, desto besser können wir unser Verhalten darauf abstimmen. Und nicht nur das. Je genauer wir uns über unsere Gefühle im Klaren sind, desto stärker empfinden wir, mit uns selbst im Einklang zu sein. Gefühle signalisieren uns, wer wir sind, und bringen unsere Identität zum Ausdruck. Was verärgert uns? Was macht uns traurig? Was nimmt uns gefangen? Wer liegt uns am Herzen? Worauf sind wir stolz? Worüber schämen wir uns?

Um eine Antwort auf diese Fragen zu erhalten, muss man zunächst registrieren, dass man stolz ist, und dieses Gefühl dann mit der richtigen Situation in Verbindung bringen. Man muss wissen, wann man sich gemeinhin schämt und welche Situationen einen in der Regel zornig oder traurig machen. Nun beschäftigen wir uns bereits mit einer der wichtigsten Funktionen unserer Gefühle: Sie geben uns Informationen darüber, wer wir sind. Wer in der Lage ist, sich über seine Gefühle Rechenschaft abzulegen, hat die besten Voraussetzungen, sich selbst kennen zu lernen.

Mehr noch: Wer sich über seine Gefühle im Klaren

ist, wird deutlicher – nicht nur in den eigene Augen, sondern auch in den Augen anderer. Wer beobachtet und beschreibt, ohne zu werten, kann voll und ganz Anteil nehmen und ist darüber hinaus in der Lage, seine Gefühle anderen transparent zu machen.

Was das Leben durchaus erleichtern kann. Wie oft hören wir nicht Klagen wie diese: »Ich habe versucht, Klartext zu reden, doch niemand wollte mir zuhören.« Oder: »Niemand nimmt mich ernst, wenn ich versuche, über meine Gefühle zu sprechen.«

Oft besteht das Problem darin, dass wir sozusagen nur mit Worten reden, unsere Körpersprache jedoch vernachlässigen. Wer über seine Wut mit einer Miene spricht, als äußere er sich über den Kursverlauf des Dollars, der wird vermutlich nicht sehr ernst genommen werden.

Erstaunlicherweise kann man diejenigen Gefühle am besten verbergen, derer man sich bewusst ist – zumal, wenn man fest dazu entschlossen ist, zum Beispiel beim Pokern.

Wie sollen wir da herausfinden, was wir auf der Bühne empfinden?

Das ist wie bei einem Ausflug, auf dem wir verschiedene Vogelarten bestimmen sollen. Am Anfang wissen wir nicht, welche Vögel auftauchen werden. Wir können uns nicht an das Aussehen der verschiedenen Arten erinnern. Außerdem fliegen sie ständig hin und her, sodass wir sie nicht in Ruhe beobachten können, nicht einmal mit dem Fernglas. Es scheint zwecklos. Was tun?

Wir können uns beispielsweise mit den Lauten der Vögel vertraut machen. Die meisten haben eine unverwechselbare Stimme, und hat man einen Vogel erst mal gehört, fällt es meistens auch leichter, ihn zu erblicken. Es hilft natürlich auch, wenn man weiß, wo sich die verschiedenen Arten meist aufhalten und wie ihr Flugverhalten ist.

Genauso verhält es sich mit Gefühlen. Wir können sie daran erkennen, dass sie ein bestimmtes Körpergefühl hervorrufen, in unterschiedlichen Zusammenhängen vorkommen oder verschiedene Impulse und Handlungen auslösen.

Es kann ein guter Anfang sein, sich erst einmal mit seinem Körper zu beschäftigen. Wir denken uns ein Gegensatzpaar: Stolz und Scham. Möglicherweise fallen uns dazu gewisse Redewendungen ein: »mit stolzgeschwellter Brust« oder »vor Scham im Boden versinken«. Im ersten Fall strecken wir den Rücken, senken die Schultern, sehen anderen in die Augen und entspannen weitgehend die Muskeln. Wenn wir uns schämen, tun wir das genaue Gegenteil: Wir sinken zusammen, nehmen weniger Raum ein, senken den Blick und erröten vielleicht. Ein anderes Gegensatzpaar ist Freude und Trauer. Wenn wir uns freuen, sind wir energiegeladen, der Körper fühlt sich leicht an. Wir nehmen die Treppe im Flug und schließen jemand spontan in die Arme. Sind wir traurig, haben wir ein schweres und träges Körpergefühl. Der Wechsel zwischen diesen beiden Zuständen kann blitzschnell vor sich gehen. Stellen Sie sich folgende Situation vor: Ein Mädchen liegt an einem Samstagabend gelangweilt auf dem Sofa und sieht fern, weil keine ihrer Freundinnen sich gemeldet hat. Da ruft plötzlich ein Junge an, der sie interessiert, und fragt, warum sie nicht auch auf dem Fest ist, auf dem er sich gerade befindet. Sofort springt sie auf, läuft ins Badezimmer, frisiert sich, zieht sich um und stürzt aus dem Haus.

Einer der am besten beschriebenen Gefühlszustände ist die Angst. Es gibt ein eigenes Genre in der Literatur, das beschreibt, wie Leuten »die Haare zu Berge stehen«, »der kalte Schweiß ausbricht«, »das Blut in den Adern gefriert« usw. Die Angst sowie ihre kleine Schwester, die Unruhe, gehören zu den Gefühlen, die am leichtesten zu erkennen sind – so wie ein Spatz oder eine Taube, um bei den Vögeln zu bleiben. Zu den Gefühlen, die ebenfalls leicht zu erkennen sind, gehören Ekel und Abscheu – der Körper weicht zurück, man kräuselt die Oberlippe nach oben und verzieht das Gesicht auf eine Weise, die fast überall gleich aussieht.

Wir können also unseren Körper beobachten, um uns zu vergewissern, was wir empfinden. Wir können auch beobachten, wozu wir Lust haben, da die Gefühle uns handlungsbereit machen. Wer fröhlich, stolz, verliebt oder neugierig ist, tritt seiner Umwelt offen gegenüber. Wer Angst hat, Trauer oder Scham empfindet, zieht sich zurück. Wer zornig ist, fühlt sich angriffsbereit, etc. Dass unsere Gefühle so eng an unser Verhalten gekoppelt sind, macht sie zu Schlüsselakteuren auf der inneren Bühne. Wenn wir unsere Gefühle beobachten und beschreiben können, fällt es uns leichter, unser Verhalten zu verstehen.

Was können Sie tun?

Ganz konkret – was sollen Sie tun? Sie sollen Ihre Aufmerksamkeit wie einen Scheinwerfer auf Ihre Gefühle richten. Das erfordert eine gewisse Übung! Doch glücklicherweise sind den Trainingsmöglichkeiten keine Grenzen gesetzt. Richten Sie Ihre Aufmerksamkeit nach innen, versuchen Sie, Ihre Gefühle zu ergründen und zu beschreiben. Sie können gleich damit anfangen. Was spüren Sie, wenn Sie auf der Bühne stehen? Antworten Sie nicht vorschnell mit »Nichts«, sondern spüren Sie Ihren Empfindungen nach. Die Pinguine, die leicht zu erkennen und unverwechselbar auf ihrer Eisscholle umherlaufen, sind die Ausnahme unter den Vögeln. Die meisten sind schwieriger aufzuspüren – wie die Gefühle. Nehmen Sie sich genug Zeit, und legen Sie sich ruhig eine Liste an. Empfinde ich Freude? Fühle ich mich unruhig? Haben Sie keine Angst. Die Ergründung der eigenen Gefühle ist nicht gefährlich. So wie der unkundige Vogelbeobachter mit der Zeit verschiedene Vogelarten erkennt, werden auch Sie allmählich lernen, welche Gefühle in unterschiedlichen Zusammenhängen auf Ihrer inneren Bühne erscheinen.

Hindernisse auf dem Weg

Mag es auch selbstverständlich klingen, so möchte ich doch betonen, dass es verschiedene Hürden gibt, die Sie möglicherweise überwinden müssen. Manche Menschen empfinden ihre Gefühle – vor allem die schmerzhaften – als so überwältigend, dass sie sich nicht überwinden können, sie auf die innere Bühne zu lassen. Dann kann es zu einer Unterdrückung der Gefühle kommen, die das entgegengesetzte Problem verursacht, nämlich einen schmerzhaften Mangel an Gefühlen. Manche erleben dies so, als würden sie einen leeren Raum betreten, der eigentlich möbliert sein sollte. Wollen wir ihn aber möblieren, müssen wir uns zunächst darüber klar werden, was wir empfinden. Wenn es uns gelingt, unsere Empfindungen zu ergründen, ohne sie zu beurteilen, dann wird es mit der Einrichtung schrittweise vorangehen.

Eine andere Schwierigkeit, seinen Empfindungen auf die Spur zu kommen, besteht darin, dass Gefühle oft noch andere Gefühle im Schlepptau haben, wenn sie auf der Bühne erscheinen.

Stellen Sie sich vor, Ihnen ist ein Vorhaben missglückt. Das erste Gefühl, das Sie empfinden, ist womöglich Scham. Dann ärgern Sie sich über sich selbst, wenn Ihnen klar wird, dass Sie sich schämen. Vielleicht denken Sie: »Wie dumm von mir. Es gibt doch wirklich keinen Grund, sich zu schämen.« Vielleicht denken Sie sogar:

»Mein Gott, mir ist wirklich nicht zu helfen.« Das Resultat wird sein, dass Sie genauso traurig sind, als hätte ein anderer Sie verletzt. Drei verschiedene Gefühle haben einander abgelöst: Scham, Wut und Niedergeschlagenheit.

Ein anderes Beispiel: Sie haben sich mit einem Freund verabredet und warten bereits seit einer halben Stunde auf ihn. Sie haben sich sehr beeilt, um noch rechtzeitig zu der Verabredung zu kommen, doch er taucht einfach nicht auf. Sie werden böse, haben aber zugleich Schuldgefühle, weil sie ihm nicht Unrecht tun wollen. Vielleicht sitzt er ja in der U-Bahn fest oder hat einen anderen triftigen Grund für seine Verspätung.

Zuerst müssen wir uns über die erste (oft sehr logische) Empfindung klar werden – die Scham über das missglückte Vorhaben oder die Verärgerung darüber, warten zu müssen. Das nächste Gefühl ist oft weniger selbstverständlich. Es ärgern sich nicht alle über die eigene Scham, und es haben auch nicht alle Schuldgefühle, die sich ärgern. Es kann zu einer Kette von Gefühlen kommen. Das erste erschließt sich schnell, doch das zweite ist schon weniger leicht erkennbar und führt vielleicht noch weitere mit sich. Kein Wunder, dass wir oft nicht genau wissen, was wir empfinden! Doch zum Glück ist dies eine Frage des Trainings. Je mehr wir üben, desto leichter wird es uns fallen, das rasche Wechseln der Gefühle auf unserer inneren Bühne zu begreifen. Damit wächst auch unsere Selbsterkenntnis.

Wenden wir uns dem dritten Schritt der Inneren Achtsamkeit zu: nicht werten. In diesem Fall bedeutet das, sich nicht für seine eigenen Gefühle zu kritisieren. Merkwürdigerweise haben manche Menschen strikte innere Regeln in Bezug auf das, was sie fühlen sollen und wollen. Falls Sie zum Beispiel der Meinung sind, dass Sie nicht zornig werden oder keine Scham empfinden sollten, dann wird das erste unmittelbare Gefühl negative Gedanken und Gefühle nach sich ziehen. Da das spätere Gefühl nichts mit der äußeren Situation zu tun hat, kann es sich vollkommen unmöglich gebärden und Unbehagen oder Angst hervorrufen.

Wenn Sie Ihren Gefühlen nicht begegnen

Was geschieht, wenn Sie keinen einzigen Vogel entdecken beziehungsweise kein einziges Gefühl aufspüren können? Kein Grund zur Besorgnis. Das bedeutet nicht, dass die Gefühle nicht vorhanden sind, sondern nur, dass es ein bisschen länger dauert, ihnen auf die Spur zu kommen.

Bedenken Sie, dass alles, was Sie wahrnehmen, quasi vergrößert wird, und versuchen Sie es erst einmal mit den Gefühlen, die gemeinhin nicht so schwer zu entdecken sind. Vielleicht freuen Sie sich darüber, dass die Sonne scheint – spüren Sie dieser Freude nach. Womöglich sind Sie in Sorge, weil Ihre Tochter nicht zur verabredeten Zeit nach Hause gekommen ist – ergründen Sie diese Sorge. Vielleicht bekommen Sie es mit der Angst, wenn Sie auf einem steilen Abhang ins Rutschen geraten – kommen Sie dieser Angst auf die Spur. Je mehr Sie das üben, desto leichter wird es Ihnen fallen.

Natürlich gibt es auch Situationen, denen man emotional ziemlich neutral gegenübersteht. Dann geschieht vielleicht weder innerlich noch äußerlich besonders viel, auf das Sie reagierten müssten.

Wenn Sie von Ihren Gefühlen überwältigt werden

Es gibt auch das umgekehrte Problem. Gefühle können so intensiv sein, dass man von ihnen überwältigt wird. Der Vogelbetrachter ist von einem Strauß angegriffen worden.

Hier kommt die Innere Achtsamkeit zu ihrem Recht. Wir haben ja bereits gesehen, dass man sie dazu benutzen kann, eine kleine Rolle größer zu machen. Man kann sie aber auch dazu benutzen, eine große Rolle – die des Straußes – zu verkleinern, indem man beispielsweise dem gegenteiligen Gefühl mehr Raum gibt.

Stellen Sie sich also vor, Sie schämen sich darüber, dass etwas zu Hause oder in Ihrem Beruf nicht nach Ihren Vorstellungen gelaufen ist. Dann können Sie sich zum Ausgleich etwas ins Gedächtnis rufen, das Sie stolz gemacht hat. Richten Sie Ihre Aufmerksamkeit auf dieses Ereignis und schenken Sie dem, worüber Sie sich geschämt haben, keine Aufmerksamkeit mehr. Es geht nicht darum, die Scham zu verneinen oder sich einzureden, man müsse sich prinzipiell nicht schämen. Man sorgt nur für ein besseres Gleichgewicht. Wir alle schämen uns mitunter, aber die Scham muss nicht intensiver sein, als dass sie ihren Zweck erfüllt. Ist sie – im übertragenen Sinne – zu einem Strauß geworden, dann sind offenbar die Dimensionen aus den Fugen geraten.

Wenn Sie Angst haben, sollten Sie an etwas denken, das Sie zum Lachen bringt. Dann verliert die Angst meist ihren Schrecken. Darum sind Horrorfilme nur selten komisch. Wären sie komisch, würden sie als Parodien aufgefasst und ihren Schrecken verlieren. Sie können sich auch mit unterschiedlichsten Dingen ablenken. Betrachten Sie die Frau, die vor Ihnen in der Schlange steht; überschlagen Sie die Sonderangebote, doch verwehren Sie der Angst den Zugang zu Ihrer inneren Bühne. Sobald Sie ihr weniger Aufmerksamkeit widmen, wird sie nachlassen.

Die nächste Möglichkeit ist, ein Gefühl mit dem Körper zu bremsen. Die Methode ist ein äußerst effektives Mittel gegen die Angst. Es ist schwer, eine Panikattacke zu bekommen, wenn man entspannt ist. Nehmen wir einmal an, das Gehirn signalisiert Ihnen, dass es gefährlich ist, in der Schlange zu stehen. Sie stehen in der Schlange und spüren, wie die Angst von Ihnen Besitz ergreift. In dieser Situation können Sie sich ins Gedächtnis rufen, dass es keinesfalls gefährlich ist, in einer Schlange zu stehen. Sie sollten sich auch vergegenwärtigen, dass es nicht gefährlich ist, Angst zu haben. Atmen Sie tief durch und lassen Sie die Schultern sinken. Danach tauschen Sie die Schauspieler aus.

Sie können den Strauß auch genau in Augenschein nehmen. Wie sieht er aus? Wann taucht er gemeinhin auf? Wo pflegt er sich zu zeigen? Wie gefährlich ist er wirklich? Natürlich ist es kein Vergnügen, von einem Strauß angegriffen zu werden, doch wenn Sie sich die Situation genau ansehen, werden Sie vielleicht zu dem Schluss kommen, dass er Ihnen in erster Linie einen Schrecken einjagt, Sie aber nicht wirklich bedroht. Wie immer können Sie sich auch entschließen, die Situation einfach zu akzeptieren, den Strauß wüten zu lassen, ohne sich weiter um ihn zu kümmern, und schließlich weiterzugehen.

Wenn die Gefühle bestimmen wollen

Sie sollten noch aus einem weiteren Grund wissen, welche Gefühle Ihre innere Bühne einnehmen. Die Gefühle haben nämlich die Angewohnheit, Ihnen Anweisungen zuzurufen, und es könnte durchaus von Nutzen sein, diese Anweisungen zu hinterfragen.

- »Lauf!« *(Hier spricht die Angst oder die Scham.)*
- »Schlag ihn tot!« *(Hier spricht die Wut, möglicherweise der Abscheu.)*
- »Iss, dann geht es dir besser!« *(Die Unruhe oder die Niedergeschlagenheit führen das Wort.)*

Wir sollten stets daran denken, dass wir nicht gezwungen sind, diesen Anweisungen auch Folge zu leisten.

»Lauf!«, sagt das Gefühl, und vielleicht sollte man wirklich laufen – falls es brennt oder der Dreijährige sich am Strand zu weit ins Wasser hineintraut. Handelt es sich jedoch um einen falschen Alarm, sollte man besser an seinem Platz bleiben.

Leidet jemand an einer sozialen Phobie, tritt oft folgendes Problem auf: Sobald man ein Restaurant betritt, erscheint ein Schauspieler auf der inneren Bühne und ruft: »Nichts wie raus hier! Alle schauen dich an! Sie sehen, dass du Angst hast, und halten dich für einen Idioten! Alle starren dich an, weil du dich so seltsam benimmst!«

Wer unter solch einer Phobie leidet, muss lernen, diese Anweisungen zu ignorieren und genau das Gegenteil zu tun. Dazubleiben satt wegzulaufen. Aufzuschauen statt den Blick zu senken. In der Regel stellen die Betroffenen dann fest, dass die Restaurantgäste anderes zu tun haben, als sich genau mit ihr oder mit ihm zu beschäftigen. Sie essen, reden, streiten. Hat man erst einmal diese Erfahrung gemacht, dann lässt die Angst nach.

Wer seine Gefühle wertfrei beobachtet und beschreibt, der kann selbst entscheiden, wann er sie wieder gehen lassen will. Man begnügt sich damit, sie zur Kenntnis zu nehmen, und lässt sie langsam wieder abklingen, ohne an ihnen hängen zu bleiben. Wir öffnen uns der Gegenwart, lassen das nächste Gefühl in Ruhe an uns herankommen und wieder verschwinden.

Hört sich das langweilig an? Merkwürdigerweise kann derjenige, der die Kontrolle besitzt, sie auch leichter vernachlässigen. Will man sich einem Gefühl voll und ganz hingeben, kann man ihm seine ganze Aufmerksamkeit schenken und dafür sorgen, dass es die gesamte Bühne ausfüllt. Dann geht man vollkommen in seiner Freude oder Verliebtheit oder auch in seiner Unruhe auf, wenn man dies will. Das ist ein gutes Beispiel dafür, wie man ganz und gar im Augenblick leben kann – sich vollkommen seines Gefühls bewusst zu sein und die Gegenwart von diesem Blickwinkel aus zu betrachten.

Gefühle informieren darüber, wer wir sind

Unabhängig davon, was wir von unseren Gefühlen halten, unabhängig davon, ob sie kaum spürbar oder von schmerzhafter Intensität sind, so haben sie uns doch fast immer etwas zu sagen. Und wenn wir begreifen, was sie uns zu sagen haben, dann wird es in der Regel einfacher, mit ihnen zu leben.

Mir ist es zum Beispiel peinlich, dass ich so große Schwierigkeiten damit habe, meine Unterlagen in Ordnung zu halten und rechtzeitig meine Steuererklärung abzugeben. Das Unbehagen signalisiert mir, dass ich offenbar der Auffassung bin, dass man seine Unterlagen in Ordnung halten und rechtzeitig seine Steuern bezahlen sollte. Meine Scham ist aber auch der Antrieb, mein Verhalten zu ändern. Gelingt es mir, werde ich mit dem Verschwinden meiner Scham belohnt. Die Scham hilft mir also, mein Ziel zu erreichen. Vergessen Sie daher nie, dass Sie auch aus unangenehmen Gefühlen einen großen Nutzen ziehen können.

Eine letzte Bemerkung: Gefühle sind für nahezu alle Aspekte des Lebens von ungeheurer Bedeutung. Je genauer wir sie wahrnehmen und je besser wir begreifen, woher sie kommen und wie sie uns beeinflussen, desto leichter wird es uns fallen, mit ihnen zu leben.

Regie-
anweisung

Also, meine lieben Theaterdirektoren, lernen Sie das Spiel der Gefühle auf Ihrer inneren Bühne zu erkennen. Folgen Sie Ihren Gefühlen nicht blind – manchmal sind sie erstaunlich schlecht informiert –, doch schenken Sie ihnen stets Gehör, weil sie Ihnen etwas über sich selbst erzählen. Denken Sie daran, dass auch schmerzliche Gefühle eine nützliche Botschaft haben können. Vergegenwärtigen Sie sich auch, dass Gefühle nicht ewig andauern – sie kommen und gehen.

Denken Sie immer daran, dass Sie in Ihrem Theater das Sagen haben.

Zeit

Alles hat seine Zeit,
und ein jegliches Vorhaben unter dem Himmel
hat seine Stunde...
Das Buch Kohelet/Der Prediger 3,1

Lassen Sie uns nun einen Blick auf die Zeit werfen, der ebenfalls eine Schlüsselfunktion in unserem inneren Theater zukommt. Wir können uns zunächst ein Bild davon machen, in welchem Verhältnis Vergangenheit, Gegenwart und Zukunft zueinander stehen. Wie viel Zeit widmen wir dem, was uns und anderen Menschen in der Vergangenheit geschehen ist? In dieser Abteilung befindet sich unsere gesamte Lebensgeschichte, alles, was wir getan, alle Erfahrungen, die wir gesammelt haben. Hier findet sich eine große Menge an interessanten und relevanten Informationen.

Dann haben wir die Gegenwart. Wie oft widmet sich das innere Theater dem gegenwärtigen Augenblick? Es ist dieser Augenblick, in dem wir handeln oder uns dazu entscheiden, gar nichts zu tun. Es ist die Gegenwart, die über den Verlauf unseres Lebens entscheidet.

Und wie oft beschäftigt sich unsere Bühne mit der Zukunft? Mit dem, was wir uns erhoffen, und dem, was wir befürchten? Mit allem, was in unseren Plänen einen Rolle spielt?

Gestern, heute und morgen

Schon was die Verteilung von Vergangenheit, Gegenwart und Zukunft angeht, bestehen große individuelle Unterschiede. Natürlich haben die gegenwärtigen Umstände einen gewissen Einfluss, doch wenn man sich das Theaterrepertoire über einen längeren Zeitraum ansieht, dann erkennt man gewisse Muster. Verschiedene Menschen verteilen die Zeit auf verschiedene Art und Weise.

Ein Beispiel: Eine Person widmet 80 Prozent ihrer Zeit der Vergangenheit, 10 Prozent der Gegenwart und 10 Prozent der Zukunft. Fällen Sie kein Urteil darüber. Es geht hier nicht um richtig oder falsch. In diesem Fall hört sich die Verteilung nicht gerade sehr ausgewogen an, doch vermutlich muss man so verfahren, wenn man beispielsweise Romane wie Marcel Proust schreiben will.

Was für Konsequenzen hat dies für den Alltag? Wenn die oben genannte Person auf der Straße einem Hund begegnet, wird sie sich zu 80 Prozent mit den Erfahrungen beschäftigen, die sie früher mit Hunden gemacht hat. Was geschah bei früheren Begegnungen? Wie hat der Hund sich verhalten? Was habe ich getan? 10 Prozent der Zeit wird die Person darauf verwenden, Informationen über diesen bestimmten Hund zu sammeln. Wie benimmt er sich? Wie alt scheint er zu sein? Was für einen Eindruck macht sein Besitzer? Und schließlich bleiben 10 Prozent, um sich mit der Zukunft zu beschäftigen: Was wird jetzt geschehen?

Eine andere Person wird die Zeit 10 Prozent zu 10 Prozent zu 80 Prozent aufteilen. Sie kann sich an frühere Hundebegegnungen kaum erinnern, nimmt den gegenwärtigen Hund auch gar nicht besonders zur Kenntnis, sondern entwirft ein Szenario nach dem anderen: Er wird mich beißen, ich lande im Krankenhaus, sie vergessen mich auf dem Flur, ich bekomme Tetanus... Oder: Der Hund wird mich auf Anhieb mögen und sich mir anschließen. Somit wird auch sein Herrchen merken, was für ein wunderbarer Mensch ich bin und mich zum Essen einladen...

Bei einer dritten Person könnte die Aufmerksamkeit 10 Prozent zu 80 Prozent zu 10 Prozent verteilt sein. Sie erinnert sich bestimmt daran, einen ähnlichen Hund früher schon mal gesehen zu haben, richtet jedoch nahezu ihre gesamte Aufmerksamkeit auf den Hund, der jetzt vor ihr steht. Sie bemerkt, dass er noch sehr jung ist, sich ein wenig unbeholfen bewegt und mit spitzen Milchzähnen an der Jacke seines Herrchens zerrt. Von diesem Hund, das ist ihr klar, geht kaum eine ernsthafte Gefahr aus. Sie könnte allenfalls im Spiel in die Hand gebissen werden, wenn sie versucht, mit ihm Kontakt aufzunehmen. Vielleicht registriert sie auch das Lachen des Herrchens, der nichts dagegen zu haben scheint, dass fremde Leute ein bisschen mit seinem Hund spielen. Es könnte ihm ja auch lästig sein, dass alle seinen Hund so niedlich finden und ihn sogleich streicheln wollen. Doch wäre dies der Fall, würde er sicher den Blickkontakt vermeiden.

Die Zukunftsperspektive beschränkt sich womöglich auf die Zuversicht, dass diese Begegnung gut verlaufen werde und kein Grund zur Besorgnis bestehe.

Wie aber werden die Begegnungen mit dem Hund wirklich verlaufen? Wer die meisten Informationen aus der Vergangenheit abruft, wird die Situation vor allem im Lichte früherer Erfahrungen beurteilen: »Ich brauche wohl keine Angst zu haben. Das letzte Mal, als ich einem Jungen mit solch einem Hund begegnet bin, ist auch alles gutgegangen.« Oder: »Das kann gefährlich werden!« Derjenige, der vor allem an die Zukunft denkt, wird womöglich ein Szenario Hundebiss/Krankenhaus/Katastrophe ersinnen, das wohl jeden von uns in Panik versetzen könnte. In beiden Fällen wird die Reaktion der Person von anderen Dingen als den gegebenen Umständen beeinflusst. Wer sich hingegen weitgehend an der Gegenwart orientiert, kann sein Verhalten den tatsächlichen Umständen anpassen.

Das ist einer der Gründe dafür, dass sich die Innere Achtsamkeit sehr gut im Alltag anwenden lässt. Im Allgemeinen ist es von großem Vorteil, einer konkreten Situation Informationen entnehmen zu können. Wer diese Achtsamkeit während einer Klavierstunde praktiziert, nutzt diese Zeit optimal aus. Wer sie bei einem Streit anwendet, hat gute Voraussetzungen, einen konstruktiven Beitrag zu seiner Lösung zu leisten.

Wir sollten uns stets daran erinnern, dass die Gegenwart die einzige Zeit ist, die wir beeinflussen können. Die Vergangenheit ist ja bereits geschehen, unabhängig davon, ob sie uns gefallen hat oder nicht, und die Zukunft ist per definitionem ungewiss.

Auffallend oft verteilen wir unsere Aufmerksamkeit auf eine Art und Weise, die es uns erschwert, die Zeit optimal zu nutzen. Wir wollen einen Freund im Krankenhaus besuchen und werden den Gedanken nicht los, dass er womöglich nicht wieder gesund wird. Wir blicken in die Zukunft und erwarten seinen Tod. Unser Bewusstsein wird ganz von Trauer und Sorge beherrscht, was verhindert, dass wir während des Besuchs vollkommen gegenwärtig sind. In Wahrheit ist der Freund ja noch am Leben, und es gibt sicher bessere Möglichkeiten, die gemeinsame Zeit zu nutzen, als schon im Voraus in Trauer zu versinken.

Andere gängige Varianten sind das ewige Aufrühren der Vergangenheit, das uns daran hindert, die Möglichkeiten der Gegenwart zu erkennen, oder die unrealistische Tagträumerei von einer glänzenden Zukunft, die uns davon abhält, konkrete Schritte für unser Fortkommen zu unternehmen.

Innere Achtsamkeit gegenüber der Zeit versetzt uns in die Lage, eine bewusste Entscheidung über den Anteil zu treffen, den Vergangenheit, Gegenwart und Zukunft in unserem Bewusstsein einnehmen sollen. Oftmals ist es klug, einen Großteil der Bühne für die Gegenwart zu reservieren. In der Gegenwart zu leben, heißt natürlich nicht, dass wir keine Pläne mehr machen oder unsere Vergangenheit ignorieren sollen. Alles zu seiner Zeit. Doch Episoden aus der Vergangenheit, die uns nur stören und aus dem Konzept bringen, haben auf unserer Bühne keinen Platz. Dasselbe gilt für unerbetene und unproduktive Störfeuer der Zukunft.

Zeitfenster

Der nächste Aspekt, den ich im Zusammenhang mit Innerer Achtsamkeit und der Zeit diskutieren möchte, ist das Zeitfenster. Das ist eine andere Möglichkeit, um zu überprüfen, wie wir uns zur Frage der Zeit verhalten. Welches Zeitintervall veranschlagen wir für verschiedene Situationen? Ich denke mir einen Strich auf einer Zeitlinie, der anzeigt, wie viel Zeit wir bestimmten Situationen einräumen.

Mache ich mir zum Beispiel Gedanken über meine Altersvorsorge? Dazu muss ich versuchen, mir einen Überblick über die nächsten zehn, dreißig oder fünfzig Jahre zu verschaffen. Betreibe ich Familienforschung? Das kann meine Perspektive weit über die eigene Lebenszeit hinaus erweitern. Beschäftige ich mich mit dem Gedanken, dass mich ein Auto überfahren könnte? In diesem Fall schrumpft das effektive Zeitfenster auf einige Sekunden zusammen.

Der Zeit Innere Achtsamkeit entgegenzubringen, kann uns helfen, das Zeitfenster einer bestimmten Aufgabe anzupassen, die es zu lösen gilt. Ist das Zeitfenster zu groß oder zu klein, fassen wir möglicherweise Beschlüsse, die in die falsche Richtung gehen.

Ist das Zeitfenster zu klein, lassen wir uns von unmittelbaren Belohnungen leiten, auch wenn dies langfristige Probleme schafft. Ein Bulimiker, der an Essattacken leidet, hat in diesem Moment nur die Linderung seiner Angst im Blick. Dass die Angst später wieder zunimmt, vergisst er, während er sich am Kiosk Schokolade kauft. Daher ist die Aufmerksamkeit auf das Zeitfenster ein wichtiger Aspekt für alle, die sich impulsiv verhalten.

Gelingt es uns, das Zeitfenster zu erweitern, um die langfristigen Konsequenzen unseres Verhaltens zu begreifen, fällt es leichter, den Impulsen des Augenblicks zu widerstehen.

Zeitfensterübung

Hier ist eine kleine Übung für diejenigen, die sich im Großen und Ganzen richtig ernähren, nur manchmal zu viel essen.

Betrachten Sie ein Stück Kuchen oder eine Packung Eis

oder was auch immer es ist, von dem Sie manchmal nicht genug bekommen können. Stellen Sie sich vor, was für ein Vergnügen es wäre, dies jetzt zu essen. Lassen Sie auf der Bühne allen positiven Gefühlen freien Lauf und achten Sie darauf, wie groß Ihre Esslust wird. Sie wird enorm zunehmen. Hier haben wir ein Zeitfenster von wenigen Sekunden: Wir stopfen uns das Essen in den Mund, erkennen den Geschmack, schlucken und erleben vielleicht ein kurzzeitiges Gefühl tiefer Befriedigung.

Erweitern Sie das Zeitfenster um mehrere Minuten oder Stunden – was empfinden Sie jetzt? Denken Sie an das unangenehme und vielleicht besorgniserregende Gefühl, einen übervollen Magen zu haben. Lassen Sie die Gedanken an schwellende Oberschenkel und ausufernde Hüften auf die Bühne. Schenken Sie ihnen für eine Weile Ihre ganze Aufmerksamkeit. Wie groß ist Ihre Esslust jetzt? Bei den meisten Menschen ist sie dramatisch gesunken. Indem wir die Größe des Zeitfensters verändern (was leicht ist), können wir unsere Fähigkeit beeinflussen, mit Impulsen umzugehen (was schwer ist).

Wer Schwierigkeiten hat, genug zu essen, der macht die umgekehrte Übung:

Falls Sie den Gedanken nicht loswerden, wie dick Sie das Essen macht, können Sie das Zeitfenster noch weiter ausdehnen. Denken Sie daran, dass das Essen Ihrem Körper zugutekommt, die Haare wachsen lässt, das Herz stärkt und die Blutzufuhr verbessert. Sie können die kleinen nützlichen Moleküle vor sich sehen, die Ihre Muskeln und Ihr Skelett bilden. Vergessen Sie die Gedanken an Hüftspeck und dicke Oberschenkel, und dehnen Sie das Zeitfenster auf Wochen, Monate und Jahre aus. Was benötigt Ihr Körper? Wie müssen Sie ihn versorgen?

Wenn Sie Gedankenspiele mögen, stellen Sie sich vor, Sie seien ein Außerirdischer, der einen kleinen Menschen geschenkt bekommen hat. Nun muss sich der Außerirdische überlegen, wie er sein neues »Haustier« füttert. Er fragt sich, was ein Mensch wohl braucht, um gesund zu bleiben, sich gut zu entwickeln und lange zu leben. Dann versuchen Sie das zu essen, was Sie brauchen – trotz Ihrer Angst. Sie kümmern sich nicht um den Schauspieler auf Ihrer inneren Bühne, der behauptet, Sie müssten gar nichts essen. Sie würden ja auch kein Kaninchen in seinem Käfig verhungern lassen. Lassen Sie sich also nicht von einem verrückten Schauspieler einreden, Sie könnten in irgendeiner Form davon profitieren, wenn Sie hungern.

Die Aufgabe besteht darin, das richtige Zeitfenster zu wählen. Ist es zu klein, darauf habe ich bereits hingewiesen, verhalten wir uns kurzsichtig und verlieren unsere langfristigen Ziele aus den Augen. Doch was passiert, wenn das Zeitfenster zu groß ist?

Ein zu großes Zeitfenster kann eine lähmende Wirkung haben. Zum Beispiel will ich dieses Buch fertig stellen. In gut drei Wochen ist mein Abgabetermin. Mein Zeitfenster für diese Aufgabe besteht aus genau 26 Tagen. Ich habe mir ausgerechnet, welches Tagespensum ich erledigen muss, um mein Ziel zu erreichen. Eine Alternative kann darin bestehen, das Zeitfenster auszudehnen. Ich könnte mir sagen, dass es doch keine Rolle spielt, ob mein Buch ein Jahr früher oder später erscheint. Soll es genau ein Jahr später erscheinen, habe ich plötzlich 12 Monate und 26 Tage Zeit. Wenn ich das Zeitfenster erweitere, dann muss ich mich nicht so abhetzen und brauche auch nicht mehr am Wochenende um sechs Uhr morgens aufzustehen, um genug Zeit zum Schreiben zu haben. Oder soll ich das Zeitfenster bis ins Unendliche ausdehnen und nur noch schreiben, wenn ich auch wirklich Zeit habe? Dann würde das Buch vermutlich niemals fertig werden.

Ein sehr großes Zeitfenster kann zu Passivität führen. Eine bewährte Methode, mit einer schwierigen Situation umzugehen, ist, sich einzureden, dass in hundert Jahren ohnehin alles vergessen sei. Wenn wir aber erst einmal solche Gedanken hegen, stellt sich die Frage, warum wir überhaupt noch etwas tun sollten – uns auf eine Prüfung vorbereiten, unseren Job gewissenhaft erledigen oder einem kranken Freund eine Karte schreiben. Das Problem besteht darin, dass die Konsequenzen unserer Versäumnisse nicht hundert Jahre auf sich warten lassen. Vielleicht wird unsere Studienförderung eingestellt, wenn wir durch die Prüfung fallen. Möglicherweise verlieren wir einen Kunden, wenn wir zu nachlässig arbeiten, oder einen Freund, wenn wir nichts von uns hören lassen. Dass alles in hundert Jahren vergessen sein wird, ist nicht relevant.

Die Anwendung des Zeitfensters, um schwierige Situationen zu meistern

Das Zeitfenster ist ein Schlüsselaspekt, wenn es darum geht, Gefühle so zu handhaben, dass sie sich nicht verflüchtigen oder unverhältnismäßig intensiv werden. Stellen Sie sich folgende Situation vor:

Ihr Freund hat versprochen, um fünf Uhr bei Ihnen zu sein, doch jetzt meldet er sich nicht. Jede Sekunde der Wartezeit zieht sich qualvoll in die Länge. Außerdem machen sich unangenehme Erinnerungen bemerkbar. Erinnerungen an frühere Freunde, die Sie im Stich gelassen haben. Erinnerungen an frühere Versprechen, die gebrochen wurden. Erinnerungen an andere, die kommen oder sich melden wollten und nie wieder aufgetaucht sind. Ihr Schmerz wird beinahe unerträglich und beschwört böse Zukunftsahnungen herauf: So wird es immer sein. Niemals werde ich wirklich geliebt werden.

Nun umfasst das Zeitfenster Ihr ganzes Leben. Die traurigen Erlebnisse der Vergangenheit und die düsteren Zukunftserwartungen vereinen sich und setzen Ihnen zu.

In dieser Situation sollte man sich ins Gedächtnis rufen, dass es nur um die Gegenwart geht. Es geht nicht um den Freund, der vor drei Jahren mit Ihnen Schluss gemacht hat. Es geht nicht um Ihre Mutter, die nicht da war, als es nötig gewesen wäre. Und es geht auch nicht um Ihre Zukunft, die Ihnen gerade rabenschwarz erscheint. Im Moment geht es nur um den Freund, der nicht zur verabredeten Zeit erschienen ist. Ausschließlich mit diesem Problem müssen Sie sich jetzt auseinandersetzen.

Oft können wir mit solchen Situationen am besten umgehen, wenn wir das Zeitfenster recht klein halten. Es gibt ja verschiedene Möglichkeiten, warum er sich verspätet haben könnte. Es ist keinesfalls gesagt, dass er Schluss machen will. Vielleicht hat er die Verabredung schlicht und einfach vergessen. Vielleicht steckt er irgendwo in der U-Bahn fest und kann nicht anrufen. Oder sein Handy ist nicht aufgeladen ...

Wir sollten zur Kenntnis nehmen, dass wir in solchen Situationen sehr verletzlich sind, und uns überlegen, wie wir in Zukunft damit umgehen wollen. In einem ruhigen Augenblick können wir uns fragen, ob es wirklich sein Stil wäre, Schluss zu machen, indem er einfach nicht mehr auftaucht. Wenn wir diese Frage mit Nein beantworten, sollten wir genau daran denken, wenn er das nächste Mal ausbleibt. Ist ihm Pünktlichkeit nicht so wichtig? Vielleicht weiß er gar nicht, wie schwer es Ihnen fällt, auch nur eine Viertelstunde zu warten. Ist das der Fall, sollten Sie ihn unbedingt darüber informieren. Dann hat er die Möglichkeit, bei künftigen Verspätungen anzurufen, oder ganz damit aufzuhören, sich für eine bestimmte Uhrzeit zu verabreden.

Das Entscheidende ist, dass man mit solchen Situationen recht gut umgehen kann, solange man sein Denken auf die Gegenwart beschränkt. Unerträglich wird es jedoch, wenn man sich von schlechten Erinnerungen und düsteren Zukunftsaussichten überwältigen lässt. Und ist man überwältigt, fällt es sehr schwer, dem Freund – wenn er schließlich anruft – auf eine Art und Weise zu begegnen, die ihn animiert, sich auch in Zukunft zu melden.

Ein anderes Beispiel: Eine Patientin rief mich an, die in Panik war. Sie spielte mit dem Gedanken, sich vor den Zug zu werfen, und wusste nicht, was sie tun sollte. Ihr aktuelles Problem war, dass es ihr vor einem Familientreffen graute. Sie wusste aus Erfahrung, dass sie dort massiver Kritik ausgesetzt sein würde. Man würde ihr Aussehen kritisieren, ihr vorwerfen, dass sie weder studiere noch arbeite, und sie fragen, warum sie immer noch keinen Freund habe.

Ich fragte sie, ob sie sich wirklich vor den Zug werfen wolle, nur weil ihre Angehörigen ihr ein paar kritische Fragen stellen und sie geringschätzig ansehen würden. Räume sie ihnen damit nicht viel zu viel Macht über ihr Leben ein?

Das bevorstehende Familientreffen hatte bei ihr schmerzhafte Erinnerungen an frühere Familientreffen ausgelöst. Außerdem hatte sie an ihre Unfähigkeit gedacht, sich gegen die Kritik zur Wehr zu setzen und dass es doch schrecklich sei, ein so verunsichertes und verletzliches Leben zu führen.

Wir haben uns gemeinsam ihr Zeitfenster angesehen, das für diese Situation viel zu groß war. Es umfasste den größten Teil ihres erwachsenen Lebens. Sie war ganz von der Erinnerung erfüllt, wie sie ein ums andere Mal verletzt und gedemütigt worden war. Kein Wunder, dass dieses Gefühl allmählich übermächtig wurde.

Doch in der konkreten Situation, am Nachmittag des Familientreffens, würde sie es nicht mit ihrer gesamten Vergangenheit aufnehmen müssen. Es ging nur darum, ein bisschen Kaffee zu trinken und Kuchen zu essen, während ein paar ältere Familienmitglieder ihre sehr entschiedenen Meinungen kundtun würden, was man zu tun und zu lassen habe.

Nachdem das Zeitfenster auf ein bis zwei Stunden zusammengeschrumpft war, tauchten mit einem Mal verschiedene Alternativen auf. Sie konnte anrufen und absagen. Sie konnte hingehen, aber nur kurze Zeit bleiben. Sie konnte mit dem Vorsatz hingehen, sich die Kommentare weniger zu Herzen zu nehmen. Sie konnte versuchen, sich darauf zu besinnen, was sie mit den scharfzüngigen alten Damen, deren Ansichten sie nicht teilte, trotz allem verband. Sie konnte gewissen Verwandten einfach aus dem Weg gehen. Nachdem das Problem definiert worden war, schien es nicht mehr besonders erstrebenswert, sich vor den Zug zu werfen. Ein angemessenes Zeitfenster hat es ihr ermöglicht, konkrete Lösungen für ein begrenztes Problem ins Auge zu fassen. Die Bearbeitung all dessen, was geschehen war, könnte später, in geordneter Form

84

während der Therapie erfolgen – weit entfernt von heranbrausenden Zügen.

Eine weitere Zeitfensterübung

Dies ist eine meiner absoluten Lieblingsübungen. Man kann sie gut alleine durchführen, aber auch hervorragend in der Gruppe praktizieren.

Denken Sie an etwas (oder bitten Sie die Mitglieder einer Gruppe, an etwas zu denken), das Sie in der letzten Woche gestört oder irritiert hat. Das sollte nichts Katastrophales, sondern nur der Anlass für eine normale Verärgerung gewesen sein. Eine Rechnung, die höher ausfiel, als Sie erwartet hatten. Jemand, der Sie unfreundlich behandelt oder Ihr Verhalten nicht entsprechend gewürdigt hat. Ein Mensch, dem gegenüber Sie ein schlechtes Gewissen haben, weil Sie etwas Unangebrachtes gesagt oder getan haben. Versuchen Sie sich an die konkrete Situation und Ihre Gefühle zu erinnern. Das kann ein paar Minuten in Anspruch nehmen. Versuchen Sie sich die Situation so genau wie möglich zu vergegenwärtigen. Wo haben Sie sich befunden? Was haben Sie gehört? Wie sah Ihre Umgebung aus? Was haben andere gesagt oder getan? Wenn Sie die Verärgerung oder den Zorn spüren, bewerten Sie diese auf einer Skala von 1 bis 10.

Als Nächstes erweitern wir das Zeitfenster. Versuchen Sie sich an ähnliche Situationen der Vergangenheit zu erinnern. An andere Rechnungen, die Sie nicht bezahlen

konnten, andere Menschen, die Sie verletzt haben, andere
Fehler und Niederlagen, die Sie haben einstecken müssen... Die Ereignisse reihen sich aneinander wie die Per-
len auf einer Schnur. Ihr ganzes Leben erscheint Ihnen als
eine einzige Abfolge von Missgriffen und Fehltritten. Und
was ist mit der Zukunft? Es besteht ja kein Anlass zu glauben, dass sich irgendetwas ändern würde. Sind Sie früher
ungerecht behandelt worden, werden Sie vermutlich auch
in Zukunft ungerecht behandelt werden. Haben Sie vie-
les verloren, das Ihnen lieb und teuer war – Freunde, Gesundheit, Geld –, so werden Sie bestimmt auch in Zukunft
schmerzhafte Verluste hinnehmen müssen.

Denken Sie eine Weile darüber nach. Spüren Sie, wie
stark Ihr Unbehagen wird, wenn Sie die schmerzhaften
Gefühle aktivieren. Jetzt nehmen Sie erneut eine Bewer-
tung dieses Gefühls auf der Skala von 1 bis 10 vor. Diesmal wird das Ergebnis weitaus höher angesiedelt sein.

Verkleinern Sie nun das Zeitfenster und konzentrieren
sich ganz auf die Gegenwart. Wie geht es Ihnen in diesem
Moment? Fühlen Sie sich bedroht? Haben Sie irgendwo
Schmerzen? Sind Sie hungrig oder durstig? Sitzen Sie bequem? Wenn nicht, wechseln Sie die Stellung. Stehen die
Gläubiger vor Ihrer Tür? Gibt es jemand in Ihrer unmittelbaren Nähe, der Sie kränkt oder Ihnen irgendwie schadet? Sie lesen offenbar gerade ein Buch – ist es lustig,
interessant, spannend? Lernen Sie etwas aus ihm? Konzentrieren Sie sich ganz auf das Hier und Jetzt. Beobachten Sie Ihre Umgebung, Ihren Körper, Ihre Gedanken und

Ihre Gefühle *in diesem Augenblick*. Schenken Sie der Vergangenheit keine Beachtung, und denken Sie nicht an die Zukunft. Spüren Sie dem Gefühl nach, ganz Sie selbst zu sein, in diesem Moment. Wenn Sie das getan haben, prüfen Sie erneut, wie stark Ihre schmerzhaften Empfindungen jetzt sind.

Bei den meisten Menschen wächst das Unbehagen zwischen der ersten und zweiten Übung. Nach der dritten nimmt es jedoch stark ab.

Was bedeutet das? Zum einen, dass unsere Gefühle sehr empfindsam sind. Sie verändern sich im Einklang mit den Ereignissen auf unserer inneren Bühne und unserer Fähigkeit, deren Spielplan bewusst zu gestalten. Zum anderen, dass wir keinesfalls gezwungen sind, all unsere Sorgen und Nöte gleichzeitig auf die Bühne zu lassen – was auch nicht besonders zweckmäßig ist.

Regie-anweisung

Zu guter Letzt: Denken Sie stets daran, dass wir über Möglichkeiten verfügen, eine problematische Situation zu meistern, wenn es uns gelingt, die Gegenwart im Blick zu behalten. Dies ist eine meiner am häufigsten praktizierten Übungen zur Inneren Achtsamkeit – sowohl für mich selbst als auch für meine Patienten.

Also, meine Damen und Herren Intendanten: Verwenden Sie ruhig ein bisschen Zeit und Energie auf die Frage, wie Ihr Theater sich mit dem Thema der Zeit auseinandersetzt.

Der Körper

Der Körper ist der größte Teil,
mit einer kleinen Öffnung für die Seele.
Albert Engström

Der Körper ist einer der wichtigsten Schauspieler des inneren Theaters. Einerseits steht er oft selbst auf der Bühne, andererseits hat er großen Einfluss darauf, welche Schauspieler noch zu Wort kommen. Er ist buchstäblich unser Gesicht nach außen und genießt im Übrigen eine Arbeitsplatzgarantie. Was auch geschehen mag – ihn wird es immer geben, so lange wir leben.

Auch für unsere Lebensqualität ist der Körper von entscheidender Bedeutung. Wie geht es ihm? Kümmern wir uns um ihn? Mögen wir ihn? Behandeln wir ihn gut? Funktioniert er so, wie wir wollen? Sind wir zufrieden mit ihm? Und wenn nicht, in welcher Weise beeinflusst uns das?

Wie wir uns unserem Körper
gegenüber verhalten

Zu Beginn meiner beruflichen Karriere begegnete ich einer unglücklichen Frau, die an einer Muskelkrankheit litt. Es fiel ihr schwer, bei der Behandlung mitzuhelfen; unter dem Personal wuchs die Irritation, was die allgemeine Stimmung beeinträchtigte. Ich dachte, sie sei über ihre Krankheit vielleicht nicht umfassend genug informiert worden. Darum ging ich zu ihr und erklärte ihr die Zusammenhänge. Schließlich machte sie eine abwehrende Handbewegung und bat mich aufzuhören. Sie hatte stets schlecht über »all das Eklige, das unter der Haut liegt«, gedacht, wie sie sich ausdrückte. Und jetzt, da sie krank war, wollte sie nicht daran erinnert werden. Sie hatte offenbar nie akzeptieren können, dass sie – ebenso wie alle Wirbeltiere – aus einem Skelett, aus Muskeln und inneren Organen bestand. Da verstand ich plötzlich, warum sie die Informationen über ihre Krankheit nicht zur Kenntnis nehmen wollte und warum es ihr so schwer fiel, mit ihren Krankengymnasten und Ärzten zusammenzuarbeiten.

Eine andere junge Frau, die zirka einen Meter fünfzig groß war, hatte sich eine Unmenge Rituale zugelegt. Sie musste verschiedene Dinge in einer ganz bestimmten Reihenfolge tun, um ihr vorgegebenes Muster zu erfüllen. Allmählich stellte sich heraus, dass es einen alles beherrschenden Gedanken gab, wenn sie ihre komplizierten Rituale ausführte. Falls sie alles auf die richtige Art und Weise tat, davon war sie überzeugt, dann würde ihr Körper sich verwandeln. Sie würde um 30 Zentimeter wachsen, ihre Brüste würden groß und ihre Taille schmal werden. Sie war vollkommen überzeugt davon, dass ihr Körper erst eine Verwandlung durchmachen müsse, ehe sie ihn annehmen und sich zu ihm bekennen könne.

Inwieweit hätte die Innere Achtsamkeit diesen beiden Frauen helfen können?

Sie hätten ihre Körper beobachten und beschreiben können, ohne sogleich mit einem Urteil bei der Hand zu sein. Stattdessen wurde jede Beobachtung von einem ganzen Chor von Vorwürfen begleitet. Das war so schmerzhaft, dass die erste Frau versuchte, überhaupt nicht mehr an ihren Körper zu denken, während die zweite absurde, garantiert nutzlose Versuche unternahm, diesen zu verändern.

Wer seinen Körper ablehnt und ihm daher nicht zuhören kann, beschwört gefährliche oder traurige Situationen herauf. Gefährlich wird es, wenn Sie nicht bemerken, dass Ihr Körper Pflege braucht, oder wenn er durch Ihr Verhalten Schaden nimmt. Traurig ist es, wenn man sich am Strand nicht zeigen will oder sich aufgrund seines Körpers nicht traut, eine Beziehung einzugehen.

Einige Menschen, die ein gebrochenes Verhältnis zu ihrem Körper haben, verlagern ihr eigentliches Leben in die

Zukunft. Erst wenn sie 30 Zentimeter größer, 10 Kilo leichter oder so muskulös wie Arnold Schwarzenegger sind, soll es richtig losgehen. Doch fürs Erste bleibt alles, wie es ist.

Da es so weit nicht kommen soll, fangen wir jetzt an!

Der Körper auf der inneren Bühne

Man kann sich zunächst vergewissern, in welchen Situationen man den Körper für gewöhnlich auf die innere Bühne lässt. Die meisten Menschen tun dies hauptsächlich, wenn sie sich auf ihr Aussehen konzentrieren. Man schaut in den Spiegel, begutachtet seine Muskeln oder das Ergebnis der letzten Diät. Andere nehmen ihren Körper vorwiegend dann wahr, wenn sie Schmerzen haben oder sich Sorgen um ihre Gesundheit machen. Wieder andere richten ihr Bewusstsein vor allem auf ihn, wenn sie etwas tun, das ihre ganze Konzentration erfordert – beispielsweise beim Spielen eines neues Stücks auf der Tuba oder beim Einüben neuer Tanzschritte.

Einige Menschen sind es gewohnt, auf ihren Körper zu hören, und kennen ihn ziemlich gut, während andere ihn so gut wie gar nicht zur Kenntnis nehmen.

Seinem Körper Innere Achtsamkeit entgegenbringen

Wie Sie sicher schon ahnen, geht es darum, seinen Körper zu beobachten, ihn wertneutral zu beschreiben und schließlich am Leben seines Körpers teilzuhaben. Wie üblich, ist das nicht schwer zu begreifen, erfordert jedoch eine ganze Menge Training. Also geben Sie nicht auf!

Am besten beginnt man mit einer gewohnten Tätigkeit. Wenn Sie oft Ihr Aussehen kontrollieren, nur zu: Beobachten und beschreiben Sie, aber halten Sie sich mit einem Urteil zurück. Am einfachsten ist es oft, mit den Händen oder Füßen anzufangen. Am schwierigsten, zumindest für Frauen, ist meist die Zone zwischen den Knien und der Körpermitte.

Beobachten, ohne zu urteilen

Richten Sie die Aufmerksamkeit auf Ihre Hand. Betrachten Sie Ihre Hand, als wären Sie ein Künstler, der sie so realistisch wie möglich malen wolle. Achten Sie gleichzeitig auf etwaige wertende Gedanken. Wenn diese plötzlich auftauchen und Ihnen zu verstehen geben, Ihre Hand sei hässlich, die Finger zu kurz oder die Narbe auf dem Handrücken abstoßend, lassen Sie sie einfach wieder von der Bühne abtreten. Registrieren Sie das Auftauchen dieser Gedanken, und wenden Sie sich danach wieder ganz dem Studium Ihrer Hand zu. Betrachten Sie sie aus wechselnden Blickwinkeln, achten Sie auf den Einfall des Lichts und dessen Reflektion auf Haut und Nägeln. Beobachten Sie die Veränderung der Finger, wenn Sie die Hand ballen und danach wieder entspannen. Achten Sie auf die Falten Ihrer Handfläche und die feinen Härchen, die Sie vielleicht auf dem Handrücken haben. Schließen Sie die Augen, und versuchen Sie sich Ihre Hand vorzustellen. Könnten Sie sie zeichnen? Falls nicht, öffnen Sie Ihre Augen, und betrachten Sie Ihre Hand von neuem.

Danach können Sie damit beginnen, Ihre Hand zu berühren. Nehmen Sie nun die andere Hand, und untersuchen Sie, wie sich die Haut anfühlt. Fühlt sich der Handrücken genauso an wie die Handfläche? Spüren Sie die feinen Fältchen an den Fingerknöcheln? Ist die Hand warm oder kalt? Sowohl als auch? Wie fühlen sich die harten Stellen an?

Vielleicht wollen Sie an Ihrer Hand riechen. Seife? Pferd? Fleischwurst?

Jetzt können Sie die etwaigen wertenden Gedanken kommen lassen und sie beobachten. Denken Sie daran, dass Sie über Ihre eigenen Urteile nicht urteilen sollen. Registrieren Sie einfach ihr Erscheinen, und lassen Sie sie danach wieder gehen. Dann können Sie Ihre Aufmerksamkeit auf die Funktionen Ihrer Hand richten. Überlegen Sie sich, wozu Sie Ihre Hände benutzen können. Stellen Sie sich Ihre Hand vor, wie sie beim Holzhacken fest um den Griff der Axt fasst, wie sie über einen verschwitzten Pferdehals streicht, Tuba oder Badminton spielt.

Beobachten Sie jetzt, was für ein Gefühl es ist, dass gerade Sie diese Hand haben. Achten Sie darauf, wie Sie von dem Maß Ihrer Aufmerksamkeit beeinflusst werden.

Das Ziel ist es, seinen Körper beobachten zu können, ohne sich von wertenden Gedanken stören zu lassen.

Diese Übung können Sie mit jedem beliebigen Körperteil durchführen. Ein Mal reicht nicht. Sie müssen sie ein ums andere Mal wiederholen, damit die Vorgehensweise automatisiert wird. Für manche mag sich das merkwürdig anhören. Wer zum Beispiel gern tanzt oder Sport treibt, für den ist es selbstverständlich, seinem Körper viel Beachtung zu schenken. Falls Sie ein Spitzenschwimmer waren, jahrelang Thaiboxen betrieben haben oder Mitglied eines Ballettensembles waren, dann brauche ich Ihnen nicht viel zu erzählen. Doch wenn Sie sich als Kopfmensch betrachten, für den alles unterhalb des Halses ein weitgehend unbekanntes Land ist, dann werden Sie besonders aus diesem Kapitel einen großen Nutzen ziehen.

Auf den Körper hören

Falls Sie Ihren Körper vor allem dann wahrnehmen, wenn Sie Schmerzen haben oder sich um Ihre Gesundheit sorgen, können Sie Folgendes ausprobieren: Spüren Sie diesem Gefühl nach. Wo genau signalisiert der Körper, dass etwas nicht in Ordnung ist? Haben Sie Schmerzen in den Schultern, im Kopf oder im Rücken? Sitzen Sie unbequem? Drücken die Schuhe, scheuern die Kleider? Untersuchen Sie Ihr Unbehagen. Wie genau fühlt es sich an? Welche Gedanken setzt es in Gang? Falls Sie denken, dass Ihre Gesundheit ernstlich gefährdet ist, dann lassen Sie diesen Gedanken einfach wieder verschwinden. Konzentrieren Sie sich auf den Schmerz an sich. Prüfen Sie, ob er sich verändert hat, seit Sie ihm auf der Bühne mehr Platz eingeräumt haben. Im Großen und Ganzen verhält sich der Schmerz wie jeder andere Akteur auch. Schenkt man ihm alle Aufmerksamkeit, wird er stärker. Das liegt vielen Schmerzbekämpfungsstrategien zugrunde: Man konzentriert sich auf etwas anderes, um das Schmerzerlebnis abzuschwächen und so mit dem Schmerz besser umgehen zu können.

Versuchen Sie jetzt, etwas gegen den Schmerz zu unternehmen. Wechseln Sie die Stellung, ziehen Sie die Schuhe aus, entspannen Sie Ihre Muskeln. Richten Sie Ihre Aufmerksamkeit auf etwas anderes – schenken Sie der Rolle des Schmerzes weniger Beachtung, und registrieren Sie, wie dies Ihr Schmerzempfinden beeinflusst. Sie werden feststellen, dass Sie Ihren Schmerz regulieren können, je nachdem, wie viel Beachtung Sie ihm auf der Bühne schenken.

Natürlich müssen Sie die gesamte Situation im Auge behalten: Falls Sie plötzlich Bauchschmerzen bekommen oder einen zunehmenden Schmerz in der Hüfte verspüren, sollten Sie dem auf den Grund gehen. Der Schmerz ist ja oftmals ein Signal des Körpers, dass etwas unternommen werden muss: Die Hand muss von der heißen Herdplatte genommen und der entzündete Blinddarm behandelt werden. Das Problem besteht darin, dass nicht alle Schmerzen von einer Krankheit verursacht werden, die einer Behandlung bedarf.

Das Schmerzsystem gleicht einem Feuermelder, der so eingestellt ist, dass er mehrmals einen falschen Alarm auslöst, bevor es wirklich brennt. Oft verspüren wir Schmerzen, ohne an einer behandlungswürdigen Krankheit zu leiden. Wer sich dessen nicht bewusst ist, wird jeden Schmerz als Hinweis auf eine ernste Krankheit deuten. Zudem wird dem Schmerz unverhältnismäßig viel Platz auf der inneren Bühne eingeräumt.

Auf den Körper zu hören ist oft spannend und überraschend. Tun kann man dies fast immer. Wenn Sie essen wollen, vergewissern Sie sich, ob Sie hungrig oder durstig sind. Achten Sie darauf, was Sie zum Frühstück essen wollen. Wie schmeckt Ihnen das Essen? Wie ist seine Konsistenz? Wie fühlen Sie sich danach?

Achten Sie beim Gehen genau auf Ihre Schritte. Sagen Sie zu sich selbst: Jetzt gehe ich – so fühlt es sich also an, wenn ich gehe.

Ein junge Frau, mit der ich über dieses Thema diskutiert habe, sagte überrascht: »Meinen Sie wirklich, ich soll auf meinen Körper hören? Ich dachte immer, es ginge darum, ihn zum Schweigen zu bringen.«

Betrachtet man seinen Körper als Feind oder unangenehmen Bekannten, mit dem man am liebsten keinen Kontakt haben möchte, führt man einen ungleichen Kampf.

Atmung

Für viele sind Meditation, Innere Achtsamkeit und Atmung eine unauflösliche Einheit. Die Atmung wird oft als Königsweg betrachtet, um ein harmonisches Verhältnis zum eigenen Körper zu erlangen. Im Buddhismus gibt es eine lange Tradition des bewussten Ein- und Ausatmens, um seinen Körper und seinen Geist zu lenken. Wenn Sie es ausprobieren wollen, können Sie sogleich damit anfangen.

Achten Sie auf Ihre Atmung. Nehmen Sie sich ein paar Minuten Zeit (schauen Sie auf die Uhr) und versuchen Sie sich vollkommen auf das Ein- und Ausatmen zu konzentrieren. Viele brechen schon kurz darauf wieder ab. Die automatische Atmung verschwindet, wenn Sie versuchen, sie zu beobachten – so wie wilde Tiere verschwinden, wenn Forscher ihre Lebensgewohnheiten studieren wollen. Bleiben Sie ruhig, machen Sie weiter, beobachten Sie Ihre Atmung – ein und aus, ein und aus. Zählen Sie die Atemzüge, drei Mal oder auch zehn Mal nacheinander:

Ein – eins. Aus – eins. Ein – zwei. Aus – zwei.

Wenn Sie die Konzentration verlieren, fangen Sie wieder bei eins an und machen weiter. Sie können auch versuchen, sich ein Bild davon zu machen, wie lange das Ein- und das Ausatmen dauert. Stellen Sie sich vor, Sie atmen Energie ein und Spannung aus:

Energie ein, Spannung aus. Energie ein, Spannung aus.

Achten Sie darauf, wie Ihr Körper davon beeinflusst wird. Überlegen Sie, in welchen Situationen Ihnen das zugute kommen könnte.

Das Gewahrsein auf die Atmung ist eine klassische Methode, um mit einer Meditation zu beginnen und seinen Körper zu steuern. Eine Methode jedoch, die nicht für alle gleichermaßen geeignet ist. Denken Sie daran, dass dies ebenso viel Übung erfordert wie Fahrradfahren oder Schwimmen. Man darf nicht aufgeben, ehe es einem schließlich gelingt.

Surfen auf der Welle des Verlangens

Man kann sich schon fragen, warum es so schwer fällt, auf seinen Körper zu hören – es sollte doch in jedermanns Interesse liegen, dies zu tun. Eine Erklärung, glaube ich, liegt darin, dass der Körper manchmal Dinge sagt, die wir lieber überhören, weil sie uns sonst Angst oder Kummer bereiten.

Um uns die Angelegenheit zu erleichtert, können wir uns daran erinnern, dass wir ja auch einem Argument, einem Wunsch oder einem Plan zuhören können, ohne dies gleich als Kommando aufzufassen. Seltsamerweise ist es manchmal leichter, Nein zu sagen, wenn man von Anfang an gut zugehört hat.

Es ist beispielsweise nicht ungewöhnlich, dass wir den Impuls haben, etwas zu tun, von dem wir wissen, dass wir es nicht tun sollten. Wer gerade mit dem Rauchen aufgehört hat, sehnt sich nach einer Zigarette; wer gerade abnimmt, bekommt Heißhungerattacken; wer von den Drogen loskommen will, trifft einen Kumpel, der high ist, und spürt sogleich ein ungeheures Verlangen.

Wir können versuchen, dieses Verlangen zu ignorieren, es einfach beiseitezuschieben. Im schlimmsten Fall wird dies aber den gegenteiligen Effekt haben. Je mehr wir versuchen, dem Verlangen zu widerstehen, uns ihm zu entziehen, desto größer wird unsere Angst, ihm nicht widerstehen zu können, und desto schwieriger wird auch unser Umgang mit ihm.

Das Gegenteil besteht darin, sich seines Verlangens bewusst zu sein. Lassen Sie es auf die innere Bühne. Hören Sie ihm zu. Spüren Sie ihm nach. Was empfinden Sie dabei? Verursacht es irgendwo einen Schmerz? Ist der Schmerz gar unerträglich? Wenn nicht, lassen Sie es einfach gewähren. Geben Sie Ihrem Körper mitsamt seinem Verlangen Raum auf der Bühne. Beobachten und beschreiben Sie. Enthalten Sie sich eines Urteils.

Hören Sie Ihren Gedanken zu. Oft handelt es sich nur um eine kleine Gruppe altbekannter Schauspieler, die immer wieder denselben Text herunterleiern: »Warum gibst du nicht gleich auf? Das schaffst du sowieso nicht. Einmal ist keinmal. Iss ruhig noch ein Stück Kuchen, oder zwei ... oder drei. Das Leben ist doch sinnlos, wenn es keinen Spaß mehr macht. Fang lieber morgen an, dann wird es dir bestimmt leichter fallen. Das wird sooooo schön werden. Das wird sooooo gut gehen.« Und so weiter und so fort.

Wenn Sie ihnen zuhören und sich gleichzeitig klarmachen, dass es sich nur um Gedanken, keine Tatsachen, handelt, werden Sie sich vermutlich an frühere Situationen erinnern. Wie oft wollten Sie Ihr Vorhaben schon auf den nächsten Tag verschieben? Fiel es Ihnen dann leichter? Falls nicht – sind Sie sich darüber im Klaren, dass gerade dieser Schauspieler Sie anlügt? Morgen wird es auch nicht anders, höchstens noch schwieriger sein, weil Sie einen weiteren Misserfolg hinter sich haben.

»Einmal ist keinmal.« Wie verhält es sich damit? Was würden Sie zu einem Freund sagen, der mit dem Rauchen aufgehört hat, nun aber ein solches Verlangen spürt, dass er diesem – für eine allerletzte Zigarette – nachgeben will? Vermutlich würden Sie ihm nicht sagen: »Tu das – einmal ist keinmal.« Ihre Entgegnung sähe eher folgendermaßen aus: »Wenn du das tust, stehst du wieder ganz am Anfang. Halt aus! Dann wird das Verlangen vorübergehen, du wirst sehen.« Also hinauf mit dem Körper auf die Bühne, und das Verlangen ins Scheinwerferlicht.

Dann sollten Sie sich fragen, was Sie eigentlich bekämpfen wollen, indem Sie eine weitere Zigarette rauchen, noch ein Stück Kuchen essen oder Ihre Transmit-
tersubstanzen durcheinanderwirbeln, falls Sie Drogen
oder Psychopharmaka nehmen. Ihre innere Unruhe? Ihre
Trauer? Ihre Antriebslosigkeit? Das Ziehen in der Ma-
gengrube? Ihre schwer zu ertragende Einsamkeit? Ihre
Entscheidungsschwierigkeiten? Ihre Geldprobleme?

Wenn Sie Klarheit darüber gewinnen, welche Probleme Sie wirklich bekämpfen wollen, sind Sie einen Rie-
senschritt vorangekommen bei Ihrem Vorhaben, in Ihrem
Theater für Ordnung zu sorgen.

Die kniffligste Situation auf der Bühne steht Ihnen allerdings noch bevor. Sie müssen ergründen, ob das Verlangen, das Sie verspüren, unerträglich ist oder nicht.

Oft ist es gar nicht so schlimm und lässt sich irgendwie
aushalten. Unerträglich wird es, wenn Sie nicht wissen,
was Sie empfinden, sondern bloß, dass es sich furchtbar
anfühlt. Ein bösartiger, sadistischer und falsch informier-
ter Chor schreit Ihnen vielleicht entgegen, dass alles verloren sei, und Ihr Selbstbewusstsein und Selbstwertge-
fühl sind durch frühere Misserfolge bereits nachhaltig
geschwächt.

Wenn sich der Körper bemerkbar macht, können Sie
Ihrem Unbehagen nachspüren und über verschiedene
Möglichkeiten nachdenken, diesem zu begegnen.

Wenn Sie müde sind, können Sie ein warmes Bad nehmen und sich danach hinlegen. Verspüren Sie eine Unruhe, können Sie mit körperlicher Aktivität reagieren: joggen oder spazieren gehen, putzen, aufräumen. Währenddessen lassen Sie den Körper einfach auf der Bühne stehen und achten darauf, wie lange es dauert, bis das Gefühl wieder verschwindet.

Man surft quasi auf der Welle des Verlangens und lässt sich von ihm tragen, weiß jedoch auch, dass man diesem Impuls nicht nachgeben muss, wenn man nicht wirklich will.

Es kann beispielsweise enorm befreiend sein, Hunger zu empfinden. Ihn einfach gewähren zu lassen, ihn zu beobachten und zu beschreiben, ohne ihm deshalb nachzugeben: Jetzt bin ich hungrig. Ich halte es aus, hungrig zu sein. Ich sterbe nicht daran und nehme auch sonst keinen Schaden. Ich brauche nichts zu essen. Ich kann es einfach sein lassen.

Dasselbe gilt für andere Verlangen, zum Beispiel nach einer Zigarette: Ich würde gern rauchen, aber ich halte das aus. Es ist im Grunde ein interessantes Gefühl, das mir keine Angst macht. Außerdem weiß ich, dass es vorübergeht, wenn ich es nicht dadurch verstärke, dass ich anderen beim Rauchen zusehe, mich auf den Balkon setze, auf dem ich früher immer geraucht habe, und mir vorstelle, wie wunderbar der erste tiefe Zug ist. (Ertappt man sich dabei, dass man sein Verlangen auf diese Art verstärkt, lässt man auch diese Gefühle einfach vorübergehen. Man beobachtet genau, was geschieht, und versucht ihnen dennoch nicht nachzugeben.) In dieser Hinsicht ist es Gold wert, wenn man seine Aufmerksamkeit anderen Dingen zuwenden kann.

Verbannen Sie die Zigarettenreklame von der Bühne. Das ist Ihr Theater, und Sie haben das Sagen. Wenn Sie keine Repräsentanten der Zigarettenindustrie in Ihrem Haus dulden wollen, schmeißen Sie sie einfach raus. Das mag nicht ganz einfach sein, weil wir es gewohnt sind, lange und primitive Werbeclips über uns ergehen zu lassen, aber die Entscheidung liegt ganz bei Ihnen.

Für den eigenen Körper sorgen

Ein Körper ist wie ein Auto – man muss ihn pflegen. Das leuchtet ein, doch viele machen sich um ihren Körper nur wenig Gedanken. Sie gehen einfach davon aus, dass er schon weiter funktionieren wird, ohne dass man etwas für ihn tun müsste.

Als würde man beim Autofahren ignorieren, dass bereits einige Warnanzeigen leuchten. Auch wenn man es weiter mit Benzin versorgte, würde es irgendwann den Dienst quittieren, obwohl es doch noch gar nicht so alt ist.

Dem Körper geht es am besten, wenn man ihm genügend Ruhepausen gönnt. Der Schlaf spielt dabei eine so wichtige Rolle, dass ihm später ein eigenes Kapitel gewidmet ist.

Der Körper braucht Nahrung, und zwar in der richtigen Menge und Zusammensetzung. Er braucht Zahnpflege, Impfungen und ärztliche Behandlung, wenn er krank wird. Die Innere Achtsamkeit macht es einfacher, mit dem Körper angemessen umzugehen.

Sex

Innere Achtsamkeit kann auch für eine spürbare Verbesserung Ihres Sexlebens sorgen. Der Sex ist eine fantastische Gelegenheit, einer Sache seine ungeteilte Aufmerksamkeit zu widmen. Und wie immer, wenn Innere Achtsamkeit gefordert ist, klappt das am besten, wenn wir nüchtern sind. Im Grunde ein merkwürdiger Gedanke, dass viele sich betäuben, ehe sie sich einer der genussvollsten Tätigkeiten hingeben, die das Leben zu bieten hat. Früher hat man sich mit Alkohol betäubt, bevor ein Zahn gezogen wurde – aber der Sex sollte doch eigentlich ein wenig mehr Freude bereiten. Sonst kann man es auch gleich bleiben lassen.

Also seien Sie achtsam. Beobachten und beschreiben Sie – und nehmen Sie Anteil! Benutzen Sie all Ihre Sinne, lassen Sie das Zeitfenster schrumpfen und die Körper auf die Bühne!

*Regie-
anweisung*

Verehrte Theaterdirektoren: Der Körper ist ein Schauspieler, dem Sie nicht kündigen können und der überdies einen enormen Einfluss auf seine Kollegen hat. Achten Sie daher auf eine gute Zusammenarbeit. Wer seinem Körper mit Innerer Achtsamkeit begegnet, dem fällt es leichter, sich auszuruhen, zu schlafen und zu essen, damit es dem Körper gut geht. Und wenn es dem Körper gut geht, dann lebt es sich leichter.

Andere Menschen

Der Mensch ist des Menschen Freude.
Hávamál

Dieses Kapitel ist von großer Wichtigkeit, da unsere Lebensqualität maßgeblich von der Qualität unserer zwischenmenschlichen Beziehungen beeinflusst wird.

Der Mensch ist ein ausgeprägt soziales Wesen. Am Mittagstisch oder in der U-Bahn, am Arbeitsplatz und im Bett sind wir von anderen Menschen umgeben, zu denen wir uns irgendwie verhalten müssen. Manche Beziehungen sind kurz und oberflächlich, wenn wir zum Beispiel einer fremden Person im Bus gegenübersitzen. Andere halten ein Leben lang und sind für uns von fast lebenswichtiger Bedeutung. Als Theaterdirektoren können wir die Menschen in unserer Umgebung als weitere Schauspieler auf unserer inneren Bühne betrachten. Aus buddhistischer Perspektive können wir uns daran erinnern, dass es nicht die Menschen in unserer Umgebung sind, die die Bühne betreten, sondern unsere Gedanken über sie.

Es wird Sie nicht überraschen, dass die Prinzipien der Inneren Achtsamkeit im Zusammenspiel mit anderen Menschen dieselben sind wie zuvor: beobachten, beschreiben, nicht werten, Anteil nehmen.

Die Rollen auf der inneren Bühne

Man kann sich der Inneren Achtsamkeit in Bezug auf andere Menschen annähern, indem man einen Blick auf das Rollenverzeichnis wirft. Welche Anweisungen geben wir unseren Mitmenschen auf der Bühne? Erinnern Sie sich an die Geschichte von den Wanderern und der alten Frau?

Eine alte Frau saß außerhalb der Stadt am Wegesrand. Ein Wanderer kam vorbei und fragte die Alte, wie es um die Menschen in der Stadt bestellt sei. Die Alte antwortete mit einer Gegenfrage: »Wie waren sie in der Stadt, die du gerade verlassen hast?«

Das Gesicht des Wanderers verfinsterte sich, und er sagte: »Sie waren misstrauisch und geizig und hatten für einen armen Schlucker wie mich nichts übrig.«

Die Alte nickte nachdenklich und sagte: »Die Menschen in dieser Stadt werden dir ebenso erscheinen.«

Ein paar Stunden später kam ein anderer Wanderer vorbei. Er stellte dieselbe Frage und bekam von der Alten dieselbe Gegenfrage. Er antwortete: »Sie waren fröhlich und gastfreundlich und halfen mir, wo sie nur konnten.«

Daraufhin nickte die Alte und sagte: »Genauso werden dir die Menschen in dieser Stadt erscheinen.«

Erkennen Sie sich wieder? Die Menschen in unserer Umgebung sind natürlich verschiedenartige Persönlichkeiten.

Sie sind mehr oder minder hilfsbereit, mehr oder minder zuverlässig. Gleichzeitig wissen wir, dass Hilfsbereitschaft oder Zuverlässigkeit keine äußerlichen Eigenschaften sind wie Haarfarbe oder Körpergröße, sondern in der Begegnung mit anderen Menschen zum Tragen kommen. Wir sind nicht allen gegenüber gleich hilfsbereit und nicht in allen Situationen gleich zuverlässig. Wir werden, mit anderen Worten, von denjenigen beeinflusst, mit denen wir zu tun haben. Unsere Hilfsbereitschaft und Zuverlässigkeit hängt auch davon ab, wie andere uns gegenübertreten. Wie das vor sich geht, hat mit den Rollen zu tun, die wir uns gegenseitig auf unseren inneren Bühnen zuweisen.

Angenommen, eine Person hat ausschließlich Rollen zu vergeben, in denen die Schauspieler egoistisch und unzuverlässig sein müssen. Jeder neue Mensch, der mit dieser Person in Kontakt kommt, wird also als egoistisch betrachtet, ganz gleichgültig, wie er sich bei der ersten Begegnung verhält. Viele werden das sicherlich kennen – obwohl wir uns für durchaus zuverlässig halten, begegnet man uns mit Misstrauen. Der Mensch, mit dem wir zusammenarbeiten sollen, scheint davon auszugehen, dass man uns nicht trauen kann. Man hat uns eine Rolle zugewiesen, die uns nicht entspricht. Oft reagieren wir in solchen Situationen, indem wir gekränkt oder verärgert sind. Darunter leidet natürlich die Zusammenarbeit, und es kommt zu einer so genannten *self-fulfilling prophecy*, also einer Voraussage, die sich von selbst erfüllt.

Es ist ebenfalls nicht ungewöhnlich, dass wir einem Hilfs-
bedürftigem unsere Unterstützung anbieten, dieser jedoch ablehnt. Das kann damit zusammenhängen, dass
die Rolle des Helfers im inneren Theater dieser Person
überhaupt nicht vorgesehen ist. Wir müssen lernen, wen
wir um Hilfe bitten können und auf welche Weise. Die
Rolle des Helfers auf unserer inneren Bühne entwickelt
sich, wenn wir die Erfahrung machen, dass wir oft die
Hilfe bekommen, die wir benötigen. Diese Rolle kann
man sich später nach Bedarf zunutze machen. Verschiedene Schauspieler können sich auch zusammentun, falls
es notwendig ist.

Wer hilfsbedürftig ist, aber kein Gehör findet, greift oft
zu einer anderen Strategie – und zwar so selbstgenügsam
zu werden wie möglich, damit Hilfe nicht nötig ist. Auf
der inneren Bühne dieser Person ist die Rolle des Hilfsbe-
dürftigen nicht vorgesehen. Daher kann sie oder er auch
keine Hilfe von anderen annehmen. Damit macht man
sich das Leben jedoch unnötig schwer, denn wie kom-
petent und leistungsfähig wir auch sein mögen, so ist es
doch schwierig, alle Situationen allein zu bewältigen.

Es kann also sehr aufschlussreich sein, sich einmal sein
eigenes Rollenverzeichnis anzusehen. Gibt es die Rollen,
die wir uns wünschen und die wir benötigen? Welche
Rollen weisen wir den Menschen in unserer Umgebung
zu? Wir können dies überprüfen, indem wir uns bewusst
machen, was wir zum Beispiel über den Mann denken,

der neben uns im Bus sitzt. Da wir ihn überhaupt nicht kennen, sagt seine Rolle mehr über uns als über ihn. Weisen wir ihm die Rolle des Kritikers zu? »Der findet bestimmt, dass ich komisch aussehe.« Oder die des Bewunderers: »Der freut sich bestimmt, eine Weile neben mir sitzen zu können.« Die des Schurken: »Wenn ich nicht aufpasse, klaut er mir die Tasche.« Die des Helfers: »Der kann mir bestimmt mit meiner schweren Tasche behilflich sein.« Oder sind wir mit etwas anderem beschäftigt und nehmen den Menschen, der neben uns sitzt, überhaupt nicht zur Kenntnis?

Es ist nicht unwahrscheinlich, dass der Mann im Bus Ihre Standardrolle übernehmen muss, auch wenn die mit seiner wahren Persönlichkeit nicht das Geringste zu tun hat.

Als Nächstes sollten Sie sich also fragen, wie viel Variationsbreite Ihr Rollenverzeichnis zulässt. Wenn 80 Prozent der Schauspieler auf Ihrer inneren Bühne mit der Rolle des unkritischen Bewunderers oder des Neidhammels vorlieb nehmen müssen, ist die Wahrscheinlichkeit groß, dass Sie vielen Menschen Rollen zuweisen, die nicht besonders gut zu ihnen passen.

Ist Ihr Rollenverzeichnis also sehr eintönig, weist das darauf hin, dass Sie Ihre Umwelt nicht sonderlich effektiv nutzen. Ein Theaterdirektor, der seinen Schauspielern immer die gleichen Rollen gibt, darf sich nicht wundern, wenn sein Repertoire langweilig, vorhersehbar und nuancenarm wird.

Andere auf unsere innere Bühne lassen

Einem anderen Menschen seine Aufmerksamkeit zu widmen, heißt, ihn auf die Bühne zu lassen und sich erst einmal ganz auf ihn zu konzentrieren, ohne ihn zu beurteilen. Wir alle sind schon einmal Menschen begegnet, die diese Fähigkeit besitzen. Die meisten von uns erleben solche Menschen als überaus positiv – sie begegnen uns mit Respekt und Interesse und ohne vorgefasste Meinungen (wertende Gedanken). Wir blühen auf und kommen zu unserem Recht. Glücklicherweise ist dies keine magische Fähigkeit, die nur wenigen in die Wiege gelegt wurde. Wir erlernen sie, indem wir üben, üben und nochmals üben.

Ein Bestandteil dieses Trainings könnte sein, in unterschiedlichen Situationen mit anderen Menschen wertfrei zu beobachten, was auf unserer inneren Bühne vor sich geht. Manchmal sind wir dann überrascht, wie viel Raum wir uns selbst auf dieser Bühne geben. Vielleicht schenken wir uns selbst mehr Beachtung als unserem Gegenüber. Vielleicht nutzen wir die Zeit, in der unser Gesprächspartner zu Wort kommt, dafür, unsere nächsten Sätze vorzubereiten, anstatt ihm richtig zuzuhören. Es kann ein hartes Stück Arbeit sein, seinem Gegenüber wirklich die volle Aufmerksamkeit zu widmen. Manche stellen bei diesem Versuch fest, dass sie es fast unerträglich finden, selbst aus dem Rampenlicht zu treten. Geben

Sie nicht auf! Ich kann Ihnen nichts versprechen; dennoch können Sie sicher sein, dass sich Ihre Beziehungen zu anderen Menschen verbessern werden, wenn Sie es schaffen, hin und wieder einen Schritt beiseitezutreten, um anderen das Rampenlicht zu überlassen.

Eine geeignete Trainingsmethode besteht auch darin, einen Freund oder Bekannten zu fragen, wie sein Tag oder sein Sommer bisher verlaufen sei. Fragen Sie ein Kind, wie ein Fest oder der Klassenausflug gewesen ist. Richten Sie Ihre Aufmerksamkeit unentwegt auf Ihr Gegenüber. Versuchen Sie, sich in sie oder ihn hineinzuversetzen. Unterbrechen Sie nicht, um von Ihrem eigenen Urlaub zu erzählen. Geben Sie Fragen und Kommentare nur dann ab, wenn Sie sich auf das beziehen, was Ihnen Ihr Gegenüber erzählt hat. Hören Sie aufmerksam zu, bis dieser seinen Bericht beendet hat. Beachten Sie, wie viel Sie erfahren haben.

Versuchen Sie dasselbe während einer Vorlesung oder politischen Versammlung. Richten Sie all Ihre Aufmerksamkeit auf den Redner, und lassen Sie sich durch nichts ablenken. Wenn Sie die Konzentration verlieren, dann richten Sie Ihre Aufmerksamkeit erneut auf ihn und lassen ihn zu seinen eigenen Bedingungen Ihre Bühne betreten. Beobachten und beschreiben Sie, nichts anderes. Urteilen Sie nicht. Erkennen Sie, wie viel Sie lernen.

Vielleicht wollen Sie jetzt einwenden: Ja, darf ich selbst denn gar nichts mehr sagen? Aber selbstverständlich! Interessanterweise hat derjenige, dem man aufmerksam zuhört, auch ein größeres Interesse, anderen zu lauschen. Wenn zwei Gesprächsteilnehmer gegenseitig um Aufmerksamkeit ringen, liegt das oft daran, dass keiner von beiden richtig zugehört hat und folglich auch nicht gehört wurde.

Eine andere Übung besteht darin, sein Gegenüber rein physisch zur Kenntnis zu nehmen. Gehen Sie auf Entdeckungsreise, beobachten und beschreiben Sie. Enthalten Sie sich aller wertenden oder urteilenden Gedanken. Nehmen Sie den anderen so wahr, wie er ist – registrieren Sie Ihre Reaktionen und Gedanken, doch bleiben Sie nicht an ihnen hängen. Das hat nichts mit Erotik zu tun – man kann diese Übung auch mit seiner Katze, seiner Schwester oder Tochter machen. Erotisch wird dieses Training natürlich dann, wenn Sie es mit Ihrem Partner durchführen, was ich Ihnen durchaus empfehlen kann.

Innere Achtsamkeit bei der Begegnung mit anderen

Was sollen wir also tun, um die Menschen in unserer Umgebung auf unserer inneren Bühne zu ihrem Recht kommen zu lassen? Beachten Sie die Prinzipien der Inneren Achtsamkeit. Es sind dieselben wie zuvor: beobachten, beschreiben, nicht werten, Anteil nehmen. Tun Sie eins nach dem anderen. Und akzeptieren Sie.

Beobachten

Ein Beispiel: Vor mir in der Kassenschlange steht ein junges Paar. Er umarmt sie, seine Hand streicht über ihre nackte Schulter, sein Blick geht ins Leere. Seine Hand streichelt und streichelt, das Mädchen versucht sich ihm zu entziehen, weil sie von seinen automatischen Liebkosungen offenbar genug hat. Er merkt von alldem nichts und fährt fort, sie zu streicheln. Schließlich nimmt sie seine Hand von ihrer Schulter, doch sobald sie seine Hand loslasst, fängt er wieder von vorne an.

Das Mädchen ist in diesem Moment auf seiner inneren Bühne überhaupt nicht anwesend. Bleibt zu hoffen, dass solche Momente der Gedankenlosigkeit die Ausnahme in ihrer Beziehung sind. Wenn nicht, ist die Gefahr groß, dass sie eines Tages wirklich genug hat.

Nicht werten

Ich sage: »Eva ist sympathisch, doch ihre Schwester ist fürchterlich anstrengend.« Zwei wertende Kommentare, die nicht besonders viel aussagen. Eine weniger wertende Aussage wäre beispielsweise: »Eva ist ruhig und ausgeglichen, das ist mir sympathisch. Bei ihrer Schwester hingegen weiß man nie, woran man ist, was ich ziemlich anstrengend finde.« Beim zweiten Beispiel habe ich Eva und ihre Schwester samt meiner Reaktion auf sie beschrieben. In diesem Fall wäre es durchaus möglich, dass jemand anderer Meinung ist als ich, ohne dass wir deshalb in Streit gerieten. Ich hätte meine Meinung zum Ausdruck gebracht, ohne über jemanden herzuziehen.

Hier kommt ein weiteres praktisches Beispiel, wie man sich der Inneren Achtsamkeit bedienen kann, um unnötige Konflikte mit anderen zu vermeiden: Im Krankenhaus geraten eine ältere Krankenschwester und eine jüngere Kollegin in Streit, weil die Ältere, die auch für die Mitarbeiterberichte verantwortlich ist, von der Jüngeren noch ein Attest einfordert. Die Jüngere weist der anderen eine höchst unsympathische Rolle auf ihrer inneren Bühne zu. Sie fühlt sich gekränkt und überwacht, unterstellt der älteren Kollegin, sie sei bösartig, misstrauisch und neidisch (achten Sie auf die starken Wertungen). Sie ist sich sicher, dass die Ältere ihr gegenüber nur die Chefin herauskehren will, und findet dieses Verhalten falsch und unprofessionell. Dann sagt sie sich, dass sie mit ihren Kollegen noch jedes Mal Pech gehabt habe und in einem solchen Milieu nicht arbeiten könne. Die Gefühle wachsen ihr förmlich über den Kopf.

Hätte sich die jüngere Krankenschwester damit begnügt, die Situation zu beobachten und zu beschreiben, dann wäre das Resultat vielleicht folgendermaßen ausgefallen: Die ältere Kollegin brauchte noch weitere Informationen wegen meiner Krankmeldung. Das ist vielleicht nicht zwingend notwendig, aber im Grunde entspricht das wohl den Regeln. Als sie mich um das Attest bat, hatte sie einen neutralen Gesichtsausdruck und eine neutrale Stimme. Sie war nicht gerade sehr freundlich, aber unfreundlich war sie auch nicht.

Hier entsteht also eine neue Interpretation der Situation: Wir haben es offenbar mit einem sehr gewissenhaften Menschen zu tun, der sich an die vorgeschriebenen Regeln hält. Die Krankenschwester hat sich routinegemäß nach den erforderlichen Unterlagen erkundigt. Uns mag ihre Persönlichkeit und Arbeitshaltung vielleicht nicht sympathisch sein, aber wir akzeptieren ihre Vorgehensweise. Wir vergegenwärtigen uns darüber hinaus, dass nicht alle menschlichen Interaktionen von großer Herzenswärme geprägt sind. Diese Beschreibung lässt kein Szenario entstehen, das mit einer zwangsläufigen Kündigung endet, und erleichtert damit die nächste Begegnung mit der Kollegin. Elegant, nicht wahr?

Rollen schaffen und besetzen

Der nächste Schritt könnte darin bestehen, sich über die Rollenbesetzung im inneren Theater Gedanken zu machen. Sind alle wichtigen Rollen bereits vergeben? Wichtig sind jene, die für die Lebensqualität von Bedeutung sind. Welche das sind, ist von Person zu Person verschieden. Beobachten Sie in diesem Zusammenhang Ihre Bedürfnisse und Wünsche!

Sind Kinder wichtig für Sie? Eine Frau kann in eine schwere Lebenskrise geraten, wenn sie entdeckt, dass sie zu lange damit gewartet hat, diese Rolle zu besetzen. Natürlich gibt es keine Garantie, überhaupt schwanger zu werden, doch geht man erst mal auf die 40 zu, sind die Chancen bedeutend geringer als 20 Jahre zuvor. In diesem Fall sollte ein Theaterdirektor frühzeitig mit der Planung beginnen.

Eine andere Schlüsselrolle nimmt der Lebenspartner ein. Viele, die ihr Leben gern mit einem anderen Menschen teilen würden, sind dennoch einsam. Die Rolle bleibt unbesetzt. Hier ist ein Blick auf das Rollenverzeichnis sinnvoll. Ist diese Rolle überhaupt vorgesehen? Wäre man fähig, jemand zu engagieren, sollte ein geeigneter Kandidat auftauchen? Oder ist der Theaterdirektor womöglich der Meinung, dass an dieser Rolle ohnehin niemand interessiert sei? »Niemand will mit mir zusammen sein…« In diesem Fall müsste die Rolle neu geschaffen werden.

Derselbe – ein wenig unrealistische – Direktor könnte natürlich auch der Meinung sein, dass die Rolle zwar besetzt werden müsste, es in Niederhausen, Stockholm oder Australien (oder wo auch immer man sich zufällig aufhält) aber keine geeigneten Schauspieler dafür gibt. »Es gibt niemand, der für diese Rolle infrage kommt.« (In New York oder Malmö sähe die Sache natürlich anders aus!) Falls es sich so verhält, sollte man sich Gedanken darüber machen, wen man eigentlich sucht. Muss sie von überirdischer Schönheit sein? Muss er in schimmernder Rüstung auf einem weißen Pferd daherkommen? Wenn ja, dann wird diese Rolle wohl für alle Zeit unbesetzt bleiben.

Ein kompetenter Theaterchef erkennt die Möglichkeiten in jedem Schauspieler und weiß überdies, dass es sich bei Schauspielern um Leute wie du und ich handelt: mal groß, mal klein, flink oder behäbig, attraktiv für den einen, weniger anziehend für andere.

Auf der inneren Bühne entscheidet allein unser Geschmack – eine großartige Möglichkeit, sich der eigenen Gedanken und Gefühle bewusst zu werden. In Gesellschaft welcher Menschen fühle ich mich wohl? Welche Eigenschaften soll mein Partner haben? Wie stelle ich mir unsere Beziehung vor?

Ein kluger Theaterchef vermeidet verallgemeinernde Formulierungen, die nur wenige Informationen enthalten. »Er soll einfach fantastisch sein!« ist natürlich ein legitimer Wunsch, doch wissen wir damit immer noch nicht, welche Eigenschaften im Einzelnen erwünscht sind. Mit einer solchen Beschreibung ist nicht viel anzufangen. Äußern wir hingegen, er solle pünktlich, verantwortungsbewusst in finanziellen Dingen, leistungsfähig, zuverlässig, politisch engagiert und rothaarig sein, gibt dies schon ein sehr viel genaueres Bild ab. Vermutlich werden wir ohnehin gewisse Kompromisse eingehen müssen. Falls plötzlich jemand auftaucht, der außer den roten Haaren alle Kriterien erfüllt, dann wird ein realistischer Theaterchef sicherlich zuschlagen.

Die Pflege unserer Beziehungen

Innere Achtsamkeit erleichtert uns auch die Pflege unserer Beziehungen. Das Prinzip ist immer noch dasselbe: beobachten, beschreiben, nicht werten, Anteil nehmen.

Was können wir beobachten, wenn es um unsere Beziehungen geht? Wir können beobachten, wie man uns begegnet, wie wir reagieren, was wir denken und fühlen. Wir können beobachten, was geschieht und was wir tun.

Manche glauben, dass sie nur nach ihrem Äußeren oder ihrer finanziellen Situation beurteilt werden. Wären sie nur schöner, reicher und erfolgreicher, so denken sie, hätten sie automatisch viele Freunde und ein sozial erfülltes Leben. In gewisser Weise ist da was dran, doch vergessen sie dabei, dass die Qualität einer Beziehung weitgehend davon abhängt, was wir tun, nicht, was wir sind. Denken Sie nur daran, wie wichtig es ist, sich bei seinen Freunden zu melden. Wer nie von sich hören lässt, niemals ein Interesse daran zeigt, wie es ihnen geht und was in ihrem Leben vor sich geht, der wird vermutlich nur einen sehr kleinen Freundes- und Bekanntenkreis haben.

Wenn niemand etwas mit Max zu tun haben will, dann liegt das nicht an seiner Körpergröße, dem Umfang seiner

Muskeln, seinem IQ oder seiner Frisur. Vielmehr kann es damit zusammenhängen, wie Max andere Leute behandelt. Hört er ihnen zu? Ist er nett zu ihnen? Hält er seine Versprechen? Denkt er nicht nur an sich, sondern auch an andere? Können wir diese Fragen mit Ja beantworten, wird Max vermutlich Freunde haben, unabhängig von seinen übrigen Eigenschaften.

Das ist eine gute Nachricht für alle, die sich mehr Freunde wünschen – Sie brauchen sich nicht zu verwandeln, sondern kommen schon weit damit, Ihre Fähigkeiten im Umgang mit anderen Menschen zu verbessern. Wie Sie das machen? Sie können damit anfangen, das Prinzip der Inneren Achtsamkeit auf Ihre zwischenmenschlichen Beziehungen anzuwenden. Registrieren Sie die Situationen, die Sie als schön und sozial zufriedenstellend empfinden. Versuchen Sie, solche Situationen so oft wie möglich herbeizuführen. Beachten Sie auch die Situationen, die Sie als anstrengend empfinden. Wie können diese vermieden werden beziehungsweise wie können Sie so mit ihnen umgehen, dass sie Ihre Beziehungen nicht belasten?

Beziehungen – zu wenige oder zu kompliziert

Die Schwierigkeiten bei der Beziehung zu anderen Menschen lassen sich im Großen und Ganzen in zwei Kategorien einteilen. Bei der ersten Kategorie haben wir zu wenige Beziehungen oder Beziehungen, deren Qualität zu wünschen übrig lässt, was wir als Einsamkeit erleben. Die zweite Kategorie ist durch Beziehungen gekennzeichnet, die konfliktreich sind und sich nicht so gestalten, wie wir wollen.

Zunächst einmal sollten wir uns vergegenwärtigen, dass es prinzipiell nicht leicht ist, sich anderen gegenüber richtig und angemessen zu verhalten. Eine Theorie, warum wir Menschen ein so großes Gehirn benötigen, geht davon aus, dass es eben unglaublich schwierig ist, die Beziehungen zu anderen Menschen zu gestalten und zu wissen, wie wir uns verhalten sollen. Es gilt eine Unmenge von Entscheidungen zu fällen. Was soll ich sagen? Wie soll ich mich verhalten? Wie oft und wie lange soll ich lachen? Was erwarten sich die anderen von mir? Und so weiter und so fort.

Einsamkeit

Einsamkeit kann aus einer Kombination verschiedener Umstände entstehen. Manche Menschen wissen, wie sie mit anderen umgehen sollen, trauen sich jedoch nicht. Andere würden sich schon trauen, wissen jedoch nicht, wie sie sich verhalten sollen. Wieder andere sind überzeugt davon, so langweilig und uninteressant zu sein, dass sie anderen mit ihrer Gegenwart nicht zur Last fallen wollen. Wir alle haben schon Situationen erlebt, in denen sich Menschen zum ersten Mal begegnen – manche gehen offen auf andere zu, stellen sich vor und sind ganz gegenwärtig. Andere stehen allein in der Ecke oder verschwinden auf die Toilette, damit keiner bemerkt, dass niemand mit ihnen spricht.

Wenn wir dies als eine Situation der unfreiwilligen Einsamkeit betrachten, stehen demjenigen, der seine Situation verändern möchte, verschiedene Alternativen offen. In bewährter Reihenfolge sollten wir wertfrei beobachten und beschreiben. Was geht hier vor sich? Was denke ich? Was empfinde ich? Was hindert mich daran teilzuhaben? Was kann ich tun, um meine Hemmungen zu überwinden? Was tun die anderen? Was haben sie mir voraus, und wie kann ich es lernen?

Versuchen Sie nun, Ihre Aufmerksamkeit auf die anderen zu richten. Wer davonläuft und sich versteckt, hat den anderen Menschen womöglich kritische und unsympathische Rollen zugewiesen oder sich selbst mitten ins Rampenlicht gestellt, alle Aufmerksamkeit auf die eigenen Gefühle, das eigene Verhalten, die eigenen Gedanken gelenkt. Drehen Sie Ihren Scheinwerfer. Lassen Sie die anderen auf die Bühne, nähern Sie sich ihnen, nehmen Sie Kontakt auf, hören Sie zu. Überwinden Sie Ihre Angst. Sie können ja einen Trainingsplan ausarbeiten und mit einer Situation beginnen, die nicht allzu schwierig ist, um sich allmählich größeren Herausforderungen zu stellen.

Konflikte

Auch in Konfliktsituationen wird Ihnen die Innere Achtsamkeit von großem Nutzen sein. Erst einmal sollte man akzeptieren, dass Konflikte ein normaler Bestandteil jeder Beziehung sind. Nicht einmal eineiige Zwillinge können zusammenleben, ohne mitunter in Streit zu geraten. Zwei Menschen setzen nicht immer dieselben Prioritäten, haben nicht immer dieselben Wertvorstellungen, wollen nicht immer dasselbe, jedenfalls nicht immer zum selben Zeitpunkt. Ein Konflikt entsteht, wenn die Wünsche und Vorstellungen zweier Menschen, wie sich das Leben gestalten soll, miteinander kollidieren. Das kann sich auf den Augenblick beziehen oder eher grundsätzlicher Natur sein. Wollen wir effektiv mit anderen Menschen umgehen, müssen wir lernen, mit den Konflikten umzugehen, die im Verhältnis zu Eltern, Kindern, Partnern und Freunden unweigerlich entstehen. Schon die Fähigkeit, aufmerksam zuzuhören, ohne sogleich mit einem Urteil bei der Hand zu sein, ist in Konfliktsituationen von unschätzbarem Wert. So vermeiden wir zum Beispiel beleidigende Aussagen wie: »Du bist wohl nicht recht bei Trost! Du kapierst wirklich gar nichts!« Beleidigungen führen selten zu einer angemessenen Lösung des Konflikts.

Im Umgang mit anderen muss eine Balance gefunden werden zwischen dem, was wir denken und wollen, und dem, was der andere denkt und will. Wenn wir an Äußerlichkeiten hängen bleiben – immer alles selbst bestimmen wollen oder dem anderen stets nachgeben –, dann gerät die Beziehung aus dem Gleichgewicht und wird dadurch geschwächt. Wie bringen Sie Ihre eigenen Wünsche mit denen anderer in Einklang? Denken Sie aufmerksam darüber nach. Sind Sie im Plus- oder Minusbereich, wenn es darum geht, anderen einen Gefallen zu tun, ihnen Geld zu leihen oder wirklich zuzuhören? Um das richtige Gleichgewicht zu finden, muss man sowohl sich selbst als auch anderen zuhören.

Doch woher sollen wir wissen, was wir fordern können und inwieweit wir nachgeben dürfen? Was für Kompromisse wir eingehen und wann wir auf unserer Meinung beharren sollten?

Diese Entscheidungen sind nicht einfach, vergleichbar mit dem Spielen eines Instruments. Wir müssen unsere sozialen Fertigkeiten stets trainieren, weiterentwickeln und verfeinern. Ich glaube, dies ist einer der Gründe, warum das soziale Leben vielen leichter fällt, wenn sie älter werden – weil wir dann endlich gelernt haben, unsere Beziehungen auf weniger anstrengende Weise zu führen.

Regie-
anweisung

Liebe Theaterdirektoren! Innere Achtsamkeit in der Beziehung zu anderen Menschen anzuwenden, ist kein leichtes Unterfangen – der Fokus der Aufmerksamkeit wechselt ständig –, doch Übung macht den Meister.

Glücklicherweise führt oft schon ein klein wenig mehr Innere Achtsamkeit zu raschen Erfolgen. Fangen Sie einfach an.

Werfen Sie einen Blick auf das Rollenverzeichnis. Schenken Sie den Menschen in Ihrer Umgebung Ihre Aufmerksamkeit. Beobachten Sie, lassen Sie andere auf die Bühne und geben Sie ihnen Rollen, die ihren Fähigkeiten und Anlagen entsprechen. Viel Spaß dabei! Hüten Sie sich vor Werturteilen.

Vergewissern Sie sich, ob es noch unbesetzte Rollen gibt – ein funktionierendes Theater sollte sich hier keine allzu großen Lücken erlauben.

Entwickeln Sie Ihre sozialen Fähigkeiten!

Die Situation

Wer ins Theater geht, bekommt ein bestimmtes Bild der Umwelt vermittelt. Das Stück behandelt die lustigen, gefährlichen oder ungerechten Aspekte, die der Autor in der Gesellschaft erblickt. Der Zuschauer wird unterhalten, aufgeschreckt oder vielleicht sogar zum Widerstand gegen gewisse Zustände angeregt. In diesem Kapitel soll untersucht werden, in welcher Art und Weise sich die Umwelt auf unserer inneren Bühne wiederfindet und welchen Einfluss dies auf uns hat. Es wird auch darum gehen, wie wir das Repertoire ändern können, falls wir es für veraltet und unzweckmäßig halten. Und was vielleicht am wichtigsten ist: Wir werden untersuchen, wie wir die Prinzipien der Inneren Achtsamkeit dazu nutzen können, um in unserem eigenen Leben gegenwärtig zu sein. Ein Beispiel:

Eine weibliche Patientin wurde in Übereinstimmung mit den Gesetzen der Zwangspflege unterworfen und in ein Krankenhaus eingeliefert. Sie selbst hielt das für unnötig, war wütend und gekränkt. Außerdem empörte sie sich über die Behandlung, der sie auf ihrer Station ausgesetzt wurde. Als am nächsten Tag ihr Freund zu Besuch kam, erzählte sie ihm von all dem Leid, das ihr widerfahren war. Je mehr sie erzählte, desto erregter wurde sie. Am Personal ließ sie kein gutes Haar und geriet außer sich vor Wut. Schließlich stand ihr Freund einfach auf und ging, überwältigt von all den Schwierigkeiten, auf die er keinen Einfluss hatte.

Das löste bei ihr zusätzliche Verzweiflung aus. Sie fühlte sich von ihm im Stich gelassen und sah dies als Beweis dafür an, dass es keinen Menschen gab, der sie unterstützte.

Versuchen wir diese Szene aus der Perspektive des Theaterdirektors zu verstehen. Warum ist alles so schiefgelaufen? Das Stück handelte von ihrer Situation im Krankenhaus. Die Protagonisten waren die Personen, von denen sie sich mit Geringschätzung behandelt fühlte. Dieser Aspekt ihrer Situation machte sie wütend und verzweifelt. Einen anderen, ebenso wahren Aspekt ihres Lebens – dass sie einen Freund hatte, der sie im Krankenhaus besuchte, um ihr Trost zu spenden – nahm sie nicht zur Kenntnis. Deshalb ließ sie ihrem Freund auch gar keine Chance: Er konnte ja nichts gegen die Dinge tun, die bereits geschehen waren, und die Arbeit des Personals ebenfalls nicht beeinflussen. Sie gab ihm keine Gelegenheit, ihr das zu geben, was er ihr hätte geben können.

Hätte sich die junge Frau auf die Gegenwart besonnen, anstatt sich an der Vergangenheit festzubeißen (in der das Furchtbare geschehen war) oder an die Zukunft zu denken (die sicher nichts Gutes bringen würde), dann hätte sie ihren Freund auf die Bühne lassen und die verschiedenen Implikationen der Situation erkennen können. Ihr wäre womöglich bewusst geworden, dass es in all dem Elend jemanden gab, der zu ihr hält und sich um sie kümmert. Sie hätte sich in den Arm nehmen lassen und sich vergegenwärtigen können, dass es jemand gab, zu dem sie nach dem Krankenhausaufenthalt zurückkehren konnte.

Die Situation beobachten und beschreiben

Um einer Situation mit Innerer Achtsamkeit zu begegnen, müssen wir glücklicherweise nur die wohl bekannten Prinzipien beherzigen: beobachten, beschreiben, nicht werten, Anteil nehmen.

Was geschieht? Was tue ich? Von welchen Menschen bin ich umgeben, und was tun sie? Was denke und empfinde ich in Anbetracht dieser Situation? Was ist im Moment das Entscheidende, und was spielt sich auf der Bühne ab? Wie interpretiere ich die Situation?

Je mehr Aufmerksamkeit wir der Umgebung und uns selbst schenken, desto flexibler können wir auf die Gegenwart reagieren und uns die aktuelle Situation zunutze machen. Nachdem wir die Informationen zur Kenntnis genommen haben, können wir beobachten, wie wir sie interpretieren (siehe dazu Kapitel 2 über Gedanken) und welchen Einfluss diese Interpretation auf uns hat.

An der Situation Anteil nehmen

Nun wird es schwieriger. Nun sollen Sie selbst die Bühne betreten und sich an dem Geschehen beteiligen – flexibel, ohne sich selbst zu beobachten oder andere zu beurteilen. Diesen Punkt strebt die Innere Achtsamkeit an. Jetzt geht es darum, die Früchte Ihrer Arbeit zu ernten.

Das folgende Beispiel zeigt, was geschieht, wenn die Teilnahme ausbleibt: Eine Frau, die an einer Wildwasserfahrt teilnimmt, sorgt sich im Boot vor allem darum, dass sie in ihrer Schwimmweste vermutlich schrecklich dick aussieht. Da sie der gegenwärtigen Situation nicht genügend Aufmerksamkeit widmet, kann sie auch kein nützliches Mitglied der Mannschaft sein. Sie sollte sich von den Geschehnissen des Augenblicks mitreißen lassen, sich auf das Wasser, die anderen Mitglieder des Teams und das Fahrzeug konzentrieren. Das ist es, was in diesem Moment zählt. Sie sollte all ihre Aufmerksamkeit auf die Situation richten, um so rasch und flexibel reagieren zu können, wie dies beim Wildwasserfahren notwendig ist.

Gemeinhin schätzen wir es gar nicht, wenn jemand seine Innere Achtsamkeit derart vernachlässigt. Wenn ich einen Tanz einstudiere, dann will ich, dass mein Tanzpartner nicht nur körperlich anwesend ist, sondern mir seine ganze Aufmerksamkeit zollt. Ich will seine Anteilnahme, seine innere Beteiligung. Dasselbe gilt natürlich auch für Gespräche, für Sex, für Unterrichtssituationen und für Therapien.

Teilnehmen heißt, sich der gegenwärtigen Situation zu stellen. Hier ein Beispiel, wie schwierig das sein kann:

Ein paar Freunde gehen zusammen in die Kneipe. Einer von ihnen konzentriert sich hauptsächlich auf seinen inneren Monolog: »Eigentlich können sie mich nicht ausstehen. Die anderen haben doch viel mehr Gemeinsamkeiten untereinander als mit mir. Ich weiß auch gar nicht, was ich sagen soll. Die halten mich sicher für dumm und fragen sich bestimmt, warum ich überhaupt mitgekommen bin.« Und so weiter.

Wer lieber seinen eigenen Gedanken als denen seiner Freunde zuhört, der ist automatisch von der Unterhaltung ausgeschlossen. Dann könnte man ebenso gut jemand anderen auf dem Handy anrufen. Hier mangelt es am Willen zur Teilnahme – wer sich an einer Situation nicht beteiligen kann, nimmt zwangsläufig die Rolle des Außenseiters ein.

Die Innere Achtsamkeit schafft auch hier Abhilfe: Wir müssen uns auf die anderen konzentrieren – *nicht auf unsere eigenen Gedanken*. Es macht nichts, wenn wir nicht wissen, was wir sagen sollen. Wir müssen uns nur ein ums andere Mal auf die gegenwärtige Situation konzentrieren, ihr Innere Achtsamkeit entgegenbringen, dann werden wir automatisch ein Mitglied der Gruppe sein. Und allmählich werden wir uns auch wieder mit eigenen Beiträgen am Gespräch beteiligen können.

In einer Situation Prioritäten setzen

Marsha Linehan, Psychologieprofessorin und Begründerin der Dialektischen Verhaltenstherapie, schlägt vor, dass wir in jeder Situation zwischen drei verschiedenen Zielen wählen können sollten: dem so genannten objektiven Ziel, einem zwischenmenschlichen Ziel und schließlich einem, das mit Selbstachtung zu tun hat.

Das objektive Ziel kann als etwas Konkretes beschrieben werden, das wir haben oder erreichen wollen: dass wir an Heiligabend nicht arbeiten müssen, dass ein anderes Familienmitglied mit dem Hund spazieren geht, dass der Nachbar die störende Musik leiser stellt.

Das zwischenmenschliche Ziel handelt davon, wie wir uns die Beziehung zu einem anderen Menschen wünschen, und das Ziel der Selbstachtung dreht sich darum, wie wir uns selbst sehen wollen, nachdem wir uns schließlich für eine Handlungsalternative entschieden und diese auch umgesetzt haben.

Diese unterschiedlichen Ziele stehen oft in Konflikt miteinander. Daher kann es von großem Nutzen sein, bei seiner Wahl die Prinzipien der Inneren Achtsamkeit zu befolgen.

Nehmen Sie an, Sie haben Ihrem Nachbarn 50 Euro geliehen, diese aber nicht zurückerhalten. Objektives Ziel ist es, das Geld zurückzubekommen.

Das zwischenmenschliche Ziel, das Beziehungsziel, hat

damit zu tun, wie Sie von Ihrem Nachbarn gesehen werden wollen.

Das Selbstachtungsziel sagt etwas darüber aus, wie Sie sich selbst sehen wollen.

Jetzt können Sie versuchen, diese drei Ziele nach ihrer Wichtigkeit zu ordnen. Welches hat für Sie Priorität? Hier gilt es, sich die konkrete Situation vor Augen zu führen.

Stellen Sie sich vor, Sie seien knapp bei Kasse und hätten im Allgemeinen nur sehr wenig Kontakt mit Ihrem Nachbarn. In diesem Fall wird das objektive Ziel vermutlich an erster Stelle stehen – Sie wollen Ihr Geld zurück. Die Selbstachtung kommt an zweiter Stelle – sie würde aber vermutlich einen Knacks bekommen, wenn Sie Ihr Geld in den Wind schreiben müssten. Die Beziehung zum Nachbarn kommt zuletzt.

Das bedeutet, dass Sie selbstbewusst Ihre Interessen durchsetzen und sich nicht darum kümmern, wie Ihr Nachbar reagiert. Ihr Geld werden Sie vermutlich auch zurückbekommen.

Die Situation könnte aber auch ganz anders aussehen: Vielleicht haben Sie zu Ihrem Nachbarn ein enges und gutes Verhältnis. In diesem Fall könnte es Ihnen wichtiger sein, dieses Verhältnis nicht zu gefährden, als Ihr Geld zurückzubekommen. Womöglich würde sogar Ihre Selbstachtung sinken, wenn Sie einen großen Streit anzetteln. In dieser Lage entscheiden Sie sich vermutlich dafür, sehr diskret an Ihre 50 Euro zu erinnern.

Es ist aber auch denkbar, dass Ihre Selbstachtung darunter leidet, von anderen Menschen ausgenutzt zu werden, indem diese sich Geld von Ihnen leihen, sich aber nicht darum kümmern, es zurückzuzahlen. In diesem Fall ist Ihre Selbstachtung vielleicht das Wichtigste, die Beziehung zum Nachbarn kommt danach und das Geld zuletzt. Es würde wahrscheinlich ausreichen, wenn Ihr Nachbar Sie um Entschuldigung bäte und Ihnen erklärte, warum er das Geld noch nicht zurückzahlen konnte. Sie wären vielleicht ganz zufrieden mit der Situation, auch wenn Sie noch ein halbes Jahr auf Ihr Geld warten müssten.

Wenn wir diese kleine Prioritätenliste erstellen, die darauf beruht, zu beobachten und zu beschreiben (was sonst?), ohne zu werten (was sonst?), wissen wir vielleicht sehr viel genauer, wofür wir in verschiedenen Situationen unsere Energie einsetzen sollen. Hier ein persönliches Beispiel:

Eigentlich will ich mich hinsetzen und schreiben. Doch ich könnte mir auch vorstellen, mich mit einem mäßig interessanten Computerspiel zu beschäftigen.

Was soll ich tun? Ein bisschen spielen? An meinem Buch weiterschreiben? Ich will endlich mit ihm fertig werden. Das ist mein objektives Ziel.

Das zwischenmenschliche Ziel berührt die Menschen, die ebenfalls mit meinem Buchprojekt zu tun haben. Das

Verhältnis zu ihnen wird sich verschlechtern, wenn ich nicht rechtzeitig fertig werde. Und meine Selbstachtung? Ich bin der Meinung, dass man seine Versprechen einhalten und das zu Ende führen muss, was man angefangen hat. Falls ich mein Buch nicht rechtzeitig fertig stelle, wird meine Selbstachtung darunter leiden. Es gibt hier also keinen Konflikt – alles spricht dafür, dass ich weiterschreibe, statt mich dem Computerspiel zuzuwenden. Wende ich die Prinzipien der Inneren Achtsamkeit an, bin ich mir über Folgendes im Klaren:

Ich will mit meinem Buch fertig werden. Ich finde es momentan schwierig zu schreiben. Es wäre angenehm, es aufzuschieben und erst einmal ein bisschen am Computer zu spielen.

Das Computerspiel ist eine Flucht. An sich macht es mir nicht besonders viel Spaß – am Ende sterbe ich sowieso –, aber es hilft mir, das Schreiben aufschieben zu können. Bin ich weiter achtsam, werde ich bemerken, dass ich müde bin und unbequem sitze.

Vielleicht sollte ich weder schreiben noch spielen. Vielleicht sollte ich ein wenig spazieren gehen und danach mein Buch fortsetzen – oder Unkraut zupfen.

Innere Achtsamkeit in extrem schwierigen Situationen

Für die meisten von uns hält das Leben einige Situationen bereit, die äußerst belastend sind. Situationen, in denen das Leben beinahe unerträglich schmerzhaft ist. In solchen Exremsituationen würden wir am liebsten davonlaufen, nur weg von hier! Es kommt vor, dass Leute sich aus reiner Verzweiflung vor den Zug werfen. Welchen Nutzen können wir in solchen Situationen aus der Inneren Achtsamkeit ziehen?

Erstens hilft sie uns zu begreifen, was genau wir nicht ertragen können. Haben wir dies herausgefunden, fallen uns oft verschiedene Lösungen ein.

Stellen wir uns eine Person vor, die an einem überwältigenden Gefühl des Unbehagens leidet. Sie wirft sich zur Seite und stößt gegen eine Wand. Sie wirft sich verzweifelt auf die andere Seite, aber auch dort befindet sich eine Wand.

Könnte sie ihre Situation in Ruhe beobachten, würde sie bemerken, dass der Grund für ihr Unwohlsein das kalte Wasser ist, das auf sie niederprasselt. Dann begreift sie, dass sie in einer Duschkabine steht. Ist sie erst einmal so weit gekommen, fallen ihr automatisch mehrere Möglichkeiten ein, wie ihrer unangenehmen Lage Abhilfe zu schaffen wäre. Sie könnte systematisch nach einer Tür suchen und hinausgehen. Sie könnte nach den Wasserhähnen tasten und diese abdrehen, zumindest die Temperatur ändern.

Eine Situation, die wir verstehen, ist fast immer leichter zu bewältigen als eine, in der wir vom Elend, das wir empfinden, überwältigt werden. Innere Achtsamkeit anzuwenden heißt, eine Situation so gut wie möglich zu verstehen – was uns in die Lage versetzt, aktiv und flexibel zu reagieren, auch unter den schwierigsten Umständen.

Ich habe einem Krankenhaus einen Besuch abgestattet, in dem Strafgefangene untergebracht sind, die aufgrund ihrer psychischen Probleme nicht ins Gefängnis kommen. Wir sprachen darüber, was es heißt, der Gegenwart seine volle Aufmerksamkeit zu widmen. Ein junger Mann sagte zu mir, das sei nicht einfach, wenn die Gegenwart so beschwerlich sei und man ohnehin keine Wahl habe. Er versuche lieber, die Gegenwart möglichst wenig an sich herankommen zu lassen. Die anderen nickten.

In ihrer Situation besteht keine Möglichkeit, das Problem zu lösen, indem man die Umstände verändert. Sie können die Klinik nicht einfach verlassen, und von einer Flucht ist dringend abzuraten. Man kann auch nicht erwarten, dass sie sich mit den unangenehmen Umständen arrangieren oder ihre Gefühle gegenüber dem Krankenhaus verändern. Es bleiben ihnen nur zwei Möglichkeiten: entweder weiter gegen die Situation anzukämpfen oder sie zu akzeptieren und mit wachen Sinnen zu begleiten. Denn wer einer Situation entflieht, entflieht auch seinem Leben. Die Zeit geht buchstäblich verloren.

Wer hingegen in der Lage ist, eine beschwerliche und schmerzhafte Situation zu akzeptieren, dem erschließen sich trotz allem Möglichkeiten, seine Lebensqualität zu verbessern. In dieser Hinsicht sollte man sich ins Gedächtnis rufen, dass Akzeptanz nichts mit Billigung oder gar Wohlgefallen zu tun hat. Viele Situationen können beim besten Willen nicht als wünschenswert betrachtet werden – eine schwere Krankheit, eine Gefängnisstrafe etc. Doch die Grundüberzeugung ist die, dass auch ein schmerzhaftes Leben lebenswert sein kann – wenn man die Situation annimmt, in der Gegenwart präsent ist und die Möglichkeiten erblickt, die sich trotz allem bieten.

Nun müssen die wenigsten von uns eine Haftstrafe verbüßen, doch gibt es immer wieder Situationen, die sehr beschwerlich sind und sich nicht im Handumdrehen ändern lassen. Akzeptanz hilft dabei, schmerzhafte Phasen im Leben erträglich zu machen. Das Ziel besteht darin, im Moment gegenwärtig zu sein und sein Leben zu leben, statt sich vor ihm zu verschließen.

*Regie-
anweisung*

Achten Sie also darauf, liebe Theaterdirekto-ren, wie sich die Situationen auf Ihrer inne-ren Bühne gestalten. Wie nuancenreich ist das Bild Ihrer Umwelt? Je weniger Nuancen es gibt, desto mehr bedürfen Sie der Inne-ren Achtsamkeit, um ein genaueres Bild von der Ge-genwart zu gewinnen. Machen Sie hin und wieder eine Be-standsaufnahme. Ist es wirklich der wichtigste Aspekt einer Situation, der die Bühne einnimmt, oder haben Sie sich in Ne-bensächlichkeiten verstrickt? Gibt es irgendein Machwerk in Ihrem Repertoire, das Sie schleunigst absetzen sollten?

Beobachten, beschreiben, nicht werten und Anteil nehmen.

Und vergessen Sie nicht, sich die Innere Achtsamkeit in beschwerlichen Situationen zunutze zu machen!

Über den Schlaf

Im falschen Moment einzuschlafen – beim Autofahren oder während der Chef seine Pläne zur Umstrukturierung des Unternehmens erläutert – kann fatale Folgen haben. Nicht einschlafen zu können, ist weniger risikovoll, jedoch sehr unangenehm.

Wie beschwerlich Schlaflosigkeit ist, davon zeugen beispielsweise die 390.000 Personen, die in Deutschland im Jahr 2005 täglich Schlafmittel eingenommen haben. In vieler Hinsicht eine überraschende Zahl.

Alle Wirbeltiere brauchen Schlaf, und die meisten Tiere haben dabei weniger Probleme als wir Menschen. Der Grund dafür scheint in unserer Fähigkeit zu liegen, an Vergangenes zu denken und uns um die Zukunft zu sorgen. Unsere Schlafprobleme können also als störender Nebeneffekt unseres großen, leistungsfähigen Gehirns betrachtet werden. Hier kann ein aktiver Theaterdirektor seinen Einfluss geltend machen!

Wenn man schlafen will

Was hält uns vom Schlafen ab, und inwiefern kann die Innere Achtsamkeit uns helfen?

Viele sagen, sie könnten nicht schlafen, weil sie nicht zur Ruhe kommen. Das Gehirn läuft auf Hochtouren, Bilder und Gedanken – oftmals von der beunruhigenden Sorte – wechseln einander ab: Wie soll ich meine Probleme lösen? Wie die Zukunft bewältigen? Wir ängstigen uns und grübeln. Die Muskeln sind gespannt, das Herz pocht, wir schwitzen und finden keine bequeme Position im Bett.

Lassen Sie uns das Ganze aus pragmatischer Perspektive betrachten.

Will die Maus ein kleines Schläfchen machen, obwohl ihr die Katze auf den Fersen ist, hat ihr letztes Stündlein geschlagen. Wer sich zur Ruhe begibt, obwohl das Haus brennt, hat ebenfalls schlechte Zukunftsaussichten. Wenn wir unmittelbar bedroht sind, hat Schlaf keinen Sinn, dann müssen wir wach sein.

Im Bett zu liegen ist in der Regel doch völlig ungefährlich, werden Sie jetzt einwenden. Und wenn es brennt, wird niemand ernstlich daran denken zu schlafen.

Die Frage ist nur, woher der Teil des Gehirns, der uns Gefahren signalisiert, wissen soll, dass alles gut geht, wenn wir unser Bewusstsein mit alarmierenden Gedanken füllen: unbezahlten Rechnungen, dem kranken Onkel, dem Mobbing am Arbeitsplatz, dem Patienten, mit dem man nicht zurechtkommt, der traurigen Zwölfjährigen, die nicht sagen will, was sie bedrückt.

Aus dem Blickwinkel der Inneren Achtsamkeit ist die Schlüsselfrage wie immer, worauf sich unsere Aufmerksamkeit richtet. Am Tag sind wir für gewöhnlich wach. Wir nehmen unsere Umgebung wahr, sehen und hören, konzentrieren uns auf das Autofahren, das Zubereiten der Mahlzeit oder das Gespräch mit den Freunden. All das lässt auf der Bühne nur wenig Raum für erschreckende Gedanken. Einigen Menschen drängen sich diese Gedanken jedoch auch am Tage auf, was eine große Belastung sein kann. Wenn das im Übermaß geschieht, sprechen wir von einer Angststörung, die der Behandlung bedarf. Es ist ja keinesfalls zweckmäßig, sich nicht mehr aus dem Haus zu trauen, prinzipiell keine Reisen mehr zu unternehmen oder nicht über das Gras laufen zu können, weil man so große Angst vor Regenwürmern hat.

In der Nacht haben unsere Gedanken mehr Freiraum. Das Gehirn muss nicht mehr so viele Sinneseindrücke verarbeiten und Tätigkeiten organisieren. Es lässt sich leichter von Gedanken gefangennehmen, die uns Angst machen, und wenn wir uns ängstigen, finden wir keinen Schlaf. Interessanterweise schießen uns nachts hauptsächlich Dinge durch den Kopf, die sich so schnell nicht ändern lassen.

Wenn wir schlafen wollen, obwohl unsere innere Bühne von einer Schar panischer Schauspieler bevölkert wird, sollten wir uns ins Gedächtnis rufen, dass die Unruhe keine Probleme löst. Sie kann im Gegenteil eine Flucht sein – oft beunruhigen wir uns über ein Problem, anstatt es zu lösen. Die Unruhe soll uns ja unter anderem motivieren, etwas gegen die Probleme in unserem Leben zu unternehmen. Sie ist auch in gefährlichen Situationen von Nutzen, indem sie uns wachsamer macht. Doch in der Nacht funktioniert dies alles nicht: Schlaflosigkeit ist kein geeignetes Mittel, um sich auf die Problemlösung des nächsten Tages vorzubereiten. Um zwei Uhr nachts lässt sich gegen die unbezahlten Rechnungen, den kranken Onkel oder das Mobbing am Arbeitsplatz ohnehin nichts unternehmen. Um zwei Uhr nachts sollten Sie sich ausschließlich fragen: Was kann ich in diesem Augenblick tun?

Sollten Sie unmittelbar etwas unternehmen? Wenn Ihre jugendliche Tochter noch nicht nach Hause gekommen ist, könnte es an der Zeit sein, zum Hörer zu greifen und zu erkunden, wo sie geblieben ist. Falls Sie am nächsten Tag nichts Besonderes zu tun haben, können Sie ruhig eine Waschmaschine anwerfen, obwohl es schon so spät ist. Wenn Sie nicht sicher sind, ob Sie die Haustür abgeschlossen haben, sollten Sie nachsehen. Doch wenn es wirklich nichts gibt, was Sie in diesem Moment unternehmen können oder sollten, dann gibt es nur eins zu tun: schlafen!

Sie werden den Schwierigkeiten in Ihrem Leben besser entgegentreten können, wenn Sie ausgeschlafen sind. Deshalb – so paradox es klingt – sollten Sie diese erst mal

auf die Seite schieben, um sich ihnen am nächsten Tag zuzuwenden. Falls Sie Angst haben, etwas zu vergessen, das
Sie sich vorgenommen haben, sollten Sie es aufschreiben,
um Ihren Gedanken danach Ruhe zu gönnen.

Es gibt einige Methoden, sich das Einschlafen zu erleichtern, die auf Innerer Achtsamkeit beruhen.

Vermutlich müssen Sie einige ausprobieren, um heraus-
zufinden, welche am besten für Sie geeignet ist. Die Reihenfolge der folgenden Methoden ist beliebig gewählt.

Leeren Sie die innere Bühne

Atmen Sie bewusst, und leeren Sie die innere Bühne. Schal-
ten Sie die Scheinwerfer aus, wie nach dem Ende einer Vorstellung.

Konzentrieren Sie sich ganz auf Ihre Atemzüge. Zählen Sie mit. Spüren Sie, wie die Luft durch Ihre Nase ein-
strömt, die Lunge füllt und danach wieder verlässt. Lassen Sie sich nicht aus dem Konzept bringen, falls einige
Schauspieler erneut versuchen, auf die Bühne zu kommen, um ihre Monologe fortzusetzen. Atmen Sie aufmerksam weiter, und zählen Sie Ihre Atemzüge. Wenn Sie
die Konzentration verlieren und an etwas anderes denken, führen Sie Ihre Gedanken wieder zurück zu den
Atemzügen. Man kann auch damit beginnen, immer wieder denselben Atemzug zu zählen:

Eins... eins... eins... eins...

Es kann lange dauern, bis Sie auch nur bis drei kommen, aber das macht nichts. Seien Sie weiter vollkommen auf Ihre Atmung konzentriert. Dann zählen Sie bis zehn, ehe Sie wieder von vorne anfangen. Machen Sie sich keine Vorwürfe, wenn Sie die Konzentration verlieren, das erschwert das Einschlafen. Versuchen Sie es einfach immer wieder. Am Anfang kann das sehr schwierig sein, doch je mehr Sie üben, desto besser werden Sie Ihre Aufmerksamkeit und damit Ihre Welt in den Griff bekommen.

Wenn Sie wollen, können Sie beim Zählen Ermahnungen einflechten:

Eins... schlaf... zwei... schlaf... drei... schlaf...

Diese Übung ist weniger für Leute geeignet, die Angst davor haben, ihren Körper zu beobachten. Wenn Sie Angst oder Unruhe empfinden, was das Einschlafen erschwert, sollten Sie es mit einer der folgenden Übungen versuchen.

Ziehen Sie sich an einen sicheren inneren Ort zurück

Wem Atemübungen nicht liegen, der kann sich an einen sicheren inneren Ort zurückziehen. Stellen Sie sich einen Ort vor, der Ihnen absolute Geborgenheit gibt. Wie dieser aussieht, ist individuell sehr verschieden.

Eine Patientin, die eine große Familie und viele häusliche Verpflichtungen hatte, stellte sich eine hübsche kleine Insel ohne Fährverbindung vor. Dort konnte sie in Ruhe am Strand liegen und der Brandung lauschen.

Eine andere junge Frau stellte sich einen unterirdischen Bunker mit meterhohen Stahlwänden und vielen komplizierten Schlössern, Türen, Toren und heimlichen Aufzügen vor. Nur ganz im Inneren dieser Anlage fühlte sie sich sicher genug, um einzuschlafen.

Eine dritte Frau dachte an die Box, in der ihr Lieblingspferd stand. Dort, auf dem Stroh sitzend, kam sie zur Ruhe, indem sie dem gelegentlichen Kauen und den ruhigen Atemzügen ihres Pferdes lauschte.

Es geht darum, sich einen Ort vorzustellen, an dem man sich so sicher fühlt, dass man sich entspannen und schließlich einschlafen kann. Das funktioniert in der Regel am besten, wenn man die Insel, den Bunker oder die Pferdebox bis ins kleinste Detail beschreiben kann. Wenn Sie diesen Ort später zum Einsatz bringen wollen, stellen Sie sich zunächst vor, wie Sie dorthin gelangen. Sie benutzen ihr kleines Motorboot, um zu Ihrer Privatinsel zu fahren. Sie nehmen einen gepanzerten Aufzug in die Tiefen des Bunkers oder betreten den Stall und gehen den Gang hinunter, bis Sie die Box Ihres Pferdes erreichen.

Dann denken Sie daran, wie Sie es sich im Liegestuhl bequem machen, sich in Ihr Bett kuscheln oder sich entspannt gegen die Wand der Pferdebox lehnen. Je detaillierter Sie sich das vorstellen, umso besser. Das Gehirn soll glauben, dass Sie sich wirklich an diesem sicheren Ort befinden.

Nachdem Sie es sich an diesem Ort so richtig gemütlich gemacht haben, schlafen Sie ein.

Tauschen Sie die Schauspieler aus

Lenken Sie sich mit Gedanken ab, die Sie weniger erschrecken. Stellen Sie sich vor, was Sie mit einem Lottogewinn von 10 Millionen Euro alles anstellen würden. Organisieren Sie in Gedanken ein Fest für Ihre Freunde. Denken Sie in allen Details an Ihr aufregendstes erotisches Erlebnis. Rufen Sie sich eine wunderbare Reise ins Gedächtnis zurück. Lassen Sie Gedanken und Gefühlen, die Sie wach halten, keinen Raum, sondern übertönen Sie diese mit etwas, das Sie nicht aufschreckt.

Lenken Sie sich mit monotonen Gedanken ab

Das ist ein Klassiker – rechnen, um einschlafen zu können. Die Rechenaufgabe sollte nicht zu leicht und nicht zu schwer sein. Nicht alle lassen es beim Schäfchenzählen bewenden. Ich beginne zum Beispiel mit der Zahl 400 oder 438 oder 512 und ziehe immer sieben ab. Wenn ich die Konzentration verliere und nicht mehr weiß, wo ich war, fange ich wieder von vorne an. Das ist auch ein gutes Training, sich auf eine ganz bestimmte Sache zu konzentrieren. Da lästige Gedanken immer wieder versuchen, auf die Bühne zu kommen, gilt es, ganz bei der Sache zu bleiben.

Manchmal stelle ich mir in diesem Zusammenhang ein störrisches Pferd vor, das stets in eine andere Richtung will als sein Reiter. Hat es der unerfahrene Reiter endlich auf den gewünschten Weg dirigiert, unternimmt es sofort einen neuen Versuch umzukehren. Die Gedanken streben ständig auf die Bühne zurück. Minus sieben zu rechnen hat für mich den passenden Schwierigkeitsgrad – es ist nicht so leicht, als dass ich dabei noch an etwas anderes denken könnte, doch auch nicht so schwer, als dass mich die Anstrengung zusätzlich wach hielte.

Da ich die Erfahrung gemacht habe, dass diese Methode sehr geeignet für mich ist, kommt der Erwartungseffekt hinzu – inzwischen bin ich überzeugt davon, dass ich einschlafe, sobald ich zu rechnen beginne. Und tatsächlich wird mein Körper oft schwer, und ich schlafe umgehend ein.

Benutzen Sie Ihren Körper

Viele bringen ihren Körper bewusst zur Ruhe, indem sie sich nacheinander mit ihren verschiedenen Körperteilen beschäftigen. Beginnen Sie mit den Füßen. Krümmen Sie die Zehen und entspannen Sie diese wieder. Dann machen Sie dasselbe mit der Wadenmuskulatur und arbeiten sich so durch den gesamten Körper, bis Sie schließlich den Kopf erreichen. Zu guter Letzt spannen Sie die Gesichts- und Kaumuskeln an – und lassen wieder locker. Sie haben Ihrem Gehirn damit signalisiert, dass es keinen Grund mehr gibt, den Körper noch länger wach zu halten, und Sie jetzt getrost einschlafen können. Für manche Menschen funktioniert es besser in der umgekehrten

Reihenfolge: mit der Stirn zu beginnen und sich langsam nach unten zu arbeiten. Probieren Sie es einfach aus.

Auch ein warmes Bad kann dem Schlaf auf die Sprünge helfen. Wenn Sie jemanden haben, der Sie massiert oder als Sexpartner in Frage kommt, ist auch das eine großartige Methode, sich auf den Schlaf vorzubereiten. Andere bevorzugen den Sex mit sich selbst – Hauptsache, Sie nutzen die körpereigenen Ressourcen zur Entspannung, um erschreckenden oder sonstwie schlafraubenden Vorstellungen zu entkommen, die jemand auf Ihrer inneren Bühne veranstalten will.

Wenn man Schlaflosigkeit akzeptieren muss

Wenn Sie partout nicht einschlafen können, gibt es zwei Möglichkeiten:

Manche beschuldigen sich selbst oder jemand anderen, dass sie nicht einschlafen können. Sie empören sich über die Sinnlosigkeit und Ungerechtigkeit, dass sie immer noch wachliegen. Das ist an sich schon sehr anstrengend und macht die Situation nur noch schwerer.

Die Alternative heißt Akzeptanz. Sich einzugestehen, dass es eben ist, wie es ist. Dass Sie natürlich lieber schlafen würden, aber dennoch entschlossen sind, das Beste aus dieser Situation zu machen. Natürlich ist es verständlich, dass man sich ärgert (»Das hat gerade noch gefehlt«), Angst hat (»Wie soll ich den morgigen Tag nur überstehen?«) oder sich betrogen fühlt (»Warum immer ich?«), doch diese Gefühle machen die schlaflose Zeit nur noch schwieriger und schmerzhafter, als sie sein müsste. Im schlimmsten Fall kann die Reaktion auf die Schlaflosigkeit sogar schlimmer sein als die Schlaflosigkeit selbst. Als hätte man mit dem eigentlichen Problem nicht schon genug zu tun. Stattdessen sollten Sie sich ausruhen, so gut es geht.

Schlaflosigkeit zu akzeptieren heißt nicht, sie gutzuheißen und nun jede Nacht wachliegen zu wollen. Es bedeutet nur, dass Sie sich damit abfinden, im Moment nichts dagegen tun zu können. Bleiben Sie im Dunkeln liegen – schon ein wenig Licht hemmt die Ausschüttung von Melatonin, einem Hormon, das dem Körper nachts signalisiert, dass Schlafenszeit ist.

Wenn man sich wach halten will

Aus der Perspektive der Inneren Achtsamkeit steht man vor einem ähnlichen Problem, wenn man sich nachts wach halten will. Wir können mit dem Körper und unseren Gedanken arbeiten, um das Maß unserer Wachheit zu beeinflussen.

Der Körper

Alles, was dem Körper vermittelt, dass er wach bleiben muss, ist von Nutzen. Sitzen ist besser als Liegen, Stehen besser als Sitzen, Gehen besser als Stehen.

Energisch zu atmen, sein Gesicht mit kaltem Wasser abzuspülen oder eine kalte Dusche zu nehmen, sind bewährte Kniffe. Denken Sie allerdings daran, dass Schlaf lebensnotwendig ist. Wenn wir hinreichend erschöpft sind, schlafen wir irgendwann ein, gleichgültig, wo wir uns befinden, und nahezu unabhängig von den äußeren Umständen. Hier gilt es, seinen Körper aufmerksam zu beobachten. Viele Autounfälle haben sich ereignet, weil der Fahrer am Steuer eingeschlafen ist. Selbst das Wissen, dass wir uns selbst und andere in Lebensgefahr bringen, reicht offenbar nicht aus, um den Körper wach zu halten. Akzeptanz ist hier unumgänglich. Wenn Sie so müde sind, dass Sie nicht dafür garantieren können, auch wirklich wach zu bleiben, dann müssen Sie das einsehen und eine Pause machen.

Gedanken

Mit Innerer Achtsamkeit muss man den Gründen begegnen, warum man in bestimmten Situationen nicht einschlafen darf. So, wie Sie erschreckende Gedanken am Einschlafen hindern, können Ihre Gedanken über diese Gründe Ihre Bereitschaft erhöhen, wach zu bleiben.

Ein Letztes: Sich seines Körpers bewusst zu sein, kann es Ihnen erleichtern, sich im richtigen Moment hinzulegen und Schlaf zu suchen. Der Körper gibt tagsüber die meisten Signale von sich. Vielleicht nutzt es Ihnen, diesen Signalen besondere Aufmerksamkeit zu schenken. Wird der Körper schwer? Lässt Ihre Konzentration nach, sodass Sie anderen nicht mehr richtig zuhören können? Verlangsamen sich Ihre Bewegungen? Werden die Lider schwer? Schläfrigkeit wird unterschiedlich empfunden, und Ihre Chancen einzuschlafen, erhöhen sich, wenn Sie Ihre Schlafenszeit dem Rhythmus Ihres Körpers anpassen.

Viele Menschen empfinden es als wohltuend, gewisse Wach- und Schlafrituale zu pflegen. Wenn Sie achtsam genug sind, werden Sie den Zusammenhang zwischen Ihrem Verhalten und Ihren Schlafgewohnheiten erkennen. Ihr Schlaf kann durch die Regelmäßigkeit äußerer Vorgänge beeinflusst werden – abhängig davon, wie viel Sie sich bewegen, wo Sie schlafen, ob Sie Kaffee, Alkohol oder andere Drogen zu sich nehmen. Dass Sie nicht schlafen können, weil Sie zu viel Kaffee getrunken haben, kann ärgerlich sein, ist aber kein Grund zur Beunruhigung. Wenn Sie solche Zusammenhänge feststellen, können Sie diese Ursachen für Ihre Schlaflosigkeit in Zukunft vermeiden.

Regie-anweisung

Ein Hinweis für alle Theaterdirektoren: Ein aus-geruhter Direktor arbeitet besser als ein über-nächtigter. Verwenden Sie gerne Ihre Energie darauf, sich all den Schlaf zu holen, den Sie benötigen.

Das Leben als
aktiver Theaterchef

»Wie kannst du dich an so was erinnern?«,
fragte Ron und sah sie bewundernd an.
»Ich höre zu, Ron«, sagte Hermine
mit gewisser Schärfe.
J.K. Rowling: Harry Potter und der Orden des Phönix

Liebe Kursteilnehmer! Der Kurs für Theaterdirektoren ist bald vorbei. Wir haben uns verschiedene Aspekte der Inneren Achtsamkeit angeschaut; nun kommt es darauf an, alles zu einem funktionierenden Ganzen zu verbinden. Nehmen Sie Hermine aus obigem Zitat als Beispiel, wie es funktionieren kann. Hermine hört zu, sie lässt den gegenwärtigen Augenblick auf ihre innere Bühne. Daher weiß sie besser als Ron, was passiert ist und was gesagt wurde.

Sie ist in ihrem Leben präsent.

Sie nimmt an ihm teil.

Wenn Hermine sich Gedanken darüber macht, was sie tun soll, kann sie einen guten Plan ersinnen, zum einen, weil sie viel über die Situation weiß, zum anderen, weil sie das Ziel genau kennt. Sie weiß, was sie erreichen und wohin sie kommen will. Davon handelt unser letztes Kapitel.

Kurze Wiederholung für aktive Theaterdirektoren

Will man etwas Neues einstudieren, sind Wiederholungen bekanntermaßen unerlässlich. Hier also noch mal die wichtigsten Punkte, die Sie als aktiver Chef Ihres eigenen Theaters beachten sollten:

- Der aktive Theaterchef übernimmt sowohl kurz- als auch langfristig die Verantwortung für den Spielplan seines Hauses. Er oder sie überlässt nichts dem Zufall und untersagt es anderen Theaterchefs, die eigene Bühne für ihre Zwecke zu missbrauchen.

- Der aktive Theaterchef weiß, dass er von unterschiedlichsten Gedanken und Vorstellungen beeinflusst wird, und passt sein Repertoire der Situation an.

- Der aktive Theaterchef widmet einen Großteil der Bühnenarbeit der Gegenwart, auch wenn die Situation beschwerlich sein sollte. Er passt sein Zeitfenster der Situation an.

- Der aktive Theaterchef kennt seine Schauspieler: Gedanken, Gefühle, Körper, andere Menschen und die Situation.

■ Der aktive Theaterchef ist in der Lage, sich selbst, anderen und dem konkreten Geschehen seine Aufmerksamkeit zu widmen, ohne zu werten. Wertenden Kommentaren von der Bühne steht er sehr skeptisch gegenüber.

■ Der aktive Theaterchef behandelt den Körper mit Fürsorge und Respekt. Er stellt ihn auf die Bühne, falls dies erforderlich ist, und holt ihn wieder herunter, wenn er nicht mehr gebraucht wird. Der Körper bekommt zu regelmäßigen Zeiten geeignete Nahrung in angemessener Menge. In den Nächten wird dem Körper ausreichend Schlaf gegönnt.

■ Der aktive Theaterchef weiß auch, wann er sich zurückziehen darf. Auch Ruhepausen sind wichtig. Darum belegt er einen weiteren Kurs, in dem es um Akzeptanz geht. Akzeptanz ist gefordert, wenn man eine Situation nicht verändern kann oder will. Dieser Kurs heißt »*Ein Leben leben, keinen Krieg gewinnen*« und stammt aus der Feder von Anna Kåver.

Was man tun sollte und was man tatsächlich tut

Oftmals wissen wir, was wir tun sollten – mit dem Rauchen aufhören, Laub harken, die Steuererklärung abgeben, den Kleiderschrank aufräumen, den Ölwechsel beim Auto vornehmen – und tun es trotzdem nicht. Da dies unsere Effektivität beeinträchtigt, folgen jetzt ein paar Gedanken darüber, welchen Nutzen wir davon haben, unser Theater aktiv zu führen. (Hüten Sie sich vor wertenden Gedanken folgender Art: »Das hier wird sowieso nicht funktionieren, ich hab doch noch gar nichts getan, nur ein bisschen quergelesen… « Das Buch erst mal querzulesen, ist ein ausgezeichneter Anfang. Jetzt haben Sie sich einen Überblick verschafft und vielleicht Lust darauf bekommen, sich intensiver mit ihm zu beschäftigen.)

Zeit für Reflexion und Innere Achtsamkeit

Da es eine gewisse Zeit erfordert, sich neue Verhaltensweisen anzugewöhnen, lassen wir es oft lieber gleich bleiben. Eine Möglichkeit der allmählichen Gewöhnung besteht darin, sich zunächst einen Tag in der Woche vorzunehmen, an dem Sie Ihren Handlungen, Gedanken und Gefühlen besondere Achtsamkeit entgegenbringen. In fast allen Religionen gibt es einen Ruhetag – einen Tag der Besinnung, an dem man nicht arbeitet. Für die meisten von uns gibt es überhaupt keine Ruhetage mehr. Denjenigen, die einen Fulltimejob und darüber hinaus einen weiten Weg zum Arbeitsplatz haben, bleibt nur das Wochenende, um zum Friseur zu gehen, Kleider in die Reinigung zu geben, einzukaufen, Freunde und Verwandte zu treffen. Die Liste ist lang, und da wir nicht warten können, bis wir Zeit haben, müssen wir sie uns nehmen.

Betrachten Sie das wie das Erlernen einer neuen Sportart. Mit einer Trainingseinheit pro Woche werden Sie sich allmählich die Grundlagen erarbeiten. Trainieren Sie zwei Mal in der Woche, geht es natürlich schneller. Wenn Sie das Training jedoch schleifen lassen, werden Sie immer wieder von vorne anfangen müssen – was nahezu jedem Menschen irgendwann die Motivation raubt.

Suchen Sie sich also einen Tag in der Woche und vielleicht auch eine bestimmte Tageszeit für Ihr Training aus. Falls dies erforderlich ist, denken Sie sich eine bestimmte Methode aus, um Sie daran zu erinnern. Viel Glück!

Die Vergegenwärtigung des Augenblicks

Sie brauchen nicht zu warten, bis Sie eine freie halbe Stunde haben, sich in einer ruhigen Umgebung befinden oder auf etwas Schönes (achten Sie auf die wertende Formulierung) konzentrieren können. Die eigentliche Bedeutung der Inneren Achtsamkeit besteht ja darin, den gegenwärtigen Moment so zu nehmen, wie er ist. In der Regel sind wir mit irgendwas beschäftigt. Wir arbeiten, räumen auf, lesen oder sitzen mit unserer Zweijährigen im Sandkasten. Auch dort können Sie beginnen.

Wenn wir etwas zerstreut erledigen, weil wir es irgendwie hinter uns bringen wollen, dann ist das verlorene Zeit. Wenn wir hingegen einer Sache unsere volle Aufmerksamkeit widmen, dann besitzen wir die Zeit. Das lässt sich in jedem Moment erproben. Es spielt keine Rolle, ob Sie an der Tätigkeit, die Sie gerade verrichten, besonders viel Freude haben. Viele Dinge, die wir tun müssen, bereiten uns wenig Freude. Zum Beispiel das Abwaschen einer Tasse. Das kann sehr schnell erledigt werden, damit die Tasse eben sauber wird. Schenkt man diesem Vorgang jedoch seine volle Aufmerksamkeit, dann nimmt man auf einmal das warme Wasser an den Händen wahr, hört das Gluckern in der Leitung und bemerkt den Geruch des Spülmittels. Das braucht nicht mehr Zeit in Anspruch zu nehmen, doch Sie haben die Zeit zu Ihrer eigenen gemacht, anstatt besinnungslos von einer Tätigkeit zur nächsten zu hetzen.

Wenn wir dem, was wir tun, Aufmerksamkeit schenken, anstatt alles so schnell wie möglich erledigen zu wollen, entdecken wir zwei Dinge: Zum einen dauert es nicht länger als früher, zum anderen erschöpft es uns weniger.

Nun wasche ich ab. Jetzt versorge ich meinen Fünfjährigen mit einem Pflaster. Jetzt wische ich die verschüttete

Milch auf. Nun räume ich die Teller ab. Nichts ist wichtiger als das, was ich im Moment tue, und ich tue es im vollen Bewusstsein.

Wir haben keine Zeit, sagen wir, als wäre Zeit so etwas wie Geld – das man eben hat oder nicht. Zeit haben wir alle. Wir haben sogar alle gleich viel Zeit zur Verfügung. Doch wir können der Gegenwart mit mehr oder weniger Aufmerksamkeit begegnen, können mehr oder weniger zerstreut sein.

Für mich ist das eine der größten Herausforderungen – den Dingen Aufmerksamkeit zu schenken, die wirklich zählen. Zum Beispiel, wenn ich gefragt werde, ob ich einen Auftrag übernehmen möchte. Will ich ihm wirklich meine Zeit widmen? Ich darf nicht nur daran denken, was der andere will, sondern muss daran denken, was ich selbst zu leisten imstande bin. Sich mehr Verpflichtungen aufzuladen, als man erfüllen kann, ist so, als würde man Dinge leasen, die man später nicht abbezahlen kann. Bringen wir unserer Ökonomie Innere Achtsamkeit entgegen, dann vermeiden wir, uns finanziell zu übernehmen. Gehen wir achtsam mit unserer Zeit um, können wir unsere Lebensqualität steigern.

Wer die Prinzipien der Inneren Achtsamkeit auf sein Leben anwendet, der verhält sich wie ein erfahrener Autofahrer. Er fährt vorausschauend und ist doch vollkommen auf die Gegenwart konzentriert, um jederzeit flexibel reagieren zu können. So lässt sich auch ein achtsames Leben beschreiben – wir versuchen aus jeder Situation das Beste zu machen, passen uns den äußeren Umständen an und verlieren unsere Ziele nicht aus den Augen.

Das Gegenteil besteht darin, die Dinge automatisch zu erledigen, ohne ihnen Aufmerksamkeit zu widmen, oder eine Sache zu tun, aber an eine andere zu denken.

Zu guter Letzt:
sich seiner Ziele im Leben bewusst sein

Fragen nach Sinn und Zweck unseres Lebens landen oft in einer besonderen Schublade, auf der »Existenzielle Fragen« steht. Manche glauben, solche Fragen seien der Religion vorbehalten. Der Meinung bin ich nicht. Ich bin davon überzeugt, dass wir großen Nutzen davon haben, uns vollkommen klar darüber zu werden, welche Ziele wir im Leben ansteuern. Wenn wir das nicht wissen, kann uns der beste Kompass der Welt nicht helfen.

Wir können uns folgende Fragen stellen: Was will ich mit meinem Leben anfangen? Was will ich über mein Leben erzählen können, wenn ich 80 Jahre alt bin? Was betrachte ich selbst als Kern meines Lebens? Was will ich erreichen?

Einige Gesellschaften haben kollektive Zielvorstellungen – wer einer bestimmten Volksgruppe oder Religion angehört, von dem wird mitunter erwartet, dass er sich für x, y oder z einsetzt. Im Westen haben wir weitgehend individuelle Zielvorstellungen. Von uns wird erwartet, persönliche Ziele benennen und verfolgen zu können.

Wer die Prinzipien der Inneren Achtsamkeit anwenden will, kann sofort damit anfangen: Beobachten Sie Ihre Gedanken, Wertvorstellungen und Zukunftsträume. Beschreiben Sie diese, ohne zu werten.

Suchen Sie nach einem geeigneten Partner, um eine Familie zu gründen? Oder wollen Sie lieber allein leben, um die totale Kontrolle über Ihre Zeit und Ihre Interessen zu behalten? Wollen Sie Karriere machen? Möchten Sie es in Ihrer Sportart weit bringen und womöglich eines Tages an den Olympischen Spielen teilnehmen? Möchten Sie großzügiger und rücksichtsvoller werden? Wollen Sie von den Drogen wegkommen? Wollen Sie steinreich werden?

Wenn Sie wissen, was Sie wollen, können Sie mehrere Akteure auf die Bühne lassen. Ist das Ziel den Umständen angemessen? Wenn nicht, müssen Sie entweder die Umstände verändern oder das Ziel umformulieren. Ein unerreichbares Ziel anzustreben, ist frustrierend.

Wenn Sie ein Ziel ins Auge gefasst haben, das Ihnen realistisch erscheint, müssen Sie als Nächstes überlegen, was Sie tun müssen, um es zu erreichen. Es unbedingt erreichen zu wollen – seine eigene Motivation zu spüren – ist zwar von großer Bedeutung, reicht jedoch bei weitem nicht aus. Sie sollten auch wissen, was Sie dafür tun müssen. Wir sind es so sehr gewohnt, nur die Erklärungen im Blick zu haben, die unser Inneres betreffen, dass wir mitunter vergessen, dass mehr dazu gehört. Sonst brauchte eine Fußballmannschaft weder Trainer noch Taktik. Sonst brauchte sie nichts als elf Spieler und deren unbändigen Siegeswillen.

So motiviert Sie auch sein mögen – ohne das Erlernen der Technik werden Sie nicht weit kommen. Es reicht nicht aus, dass Sie verstanden haben, was Sie tun müssen. Sie müssen auch lernen, es zu tun. Möglicherweise brauchen Sie Hilfe von außen. Um eine Prüfung zu bestehen, muss man sich konzentrieren können. Um ein Golfturnier zu gewinnen, müssen Sie die unterschiedlichen Schläge beherrschen. Um sich durchzusetzen, müssen Sie die Fähigkeit besitzen, Nein zu sagen und andere zum Zuhören zu bringen.

Wenn wir wissen, was wir wollen, und darüber hinaus einen Plan haben, wie wir unsere Ziele erreichen können, dann wird es uns auch leichter fallen, unsere Entscheidungen zu treffen. (Ein Ziel zu formulieren kann natürlich ein Ziel an sich sein.)

Aus der Perspektive der Inneren Achtsamkeit können wir unsere momentanen Entscheidungen im Blick behalten. Viele dieser kleinen Entscheidungen sind von großer Bedeutung. Wir sprechen manchmal von lebensentscheidenden Augenblicken, als könnten wir diese ganz genau benennen. Wir denken vielleicht an Situationen, in denen wir das Gefühl hatten, an einer Weggabelung zu stehen. Für den Achtsamen ist jeder Augenblick wichtig.

Jede Entscheidung führt den Menschen in eine bestimmte Richtung. Wer seine Ziele nicht kennt, lebt nach dem Zufallsprinzip. Als würde man aufs Geratewohl durch eine Landschaft streifen und sich mal hierhin, mal dorthin wenden. Irgendwohin werden wir auch so gelangen; die Frage ist nur, ob wir so wenig Kontrolle über unsere Ziele haben wollen.

Wer ein erstklassiger Hochspringer werden will, der muss dieses Ziel bei seinen täglichen Entscheidungen stets vor Augen haben. Was soll ich jetzt tun? Trainieren oder fernsehen oder mit meinen Freunden ausgehen? Solche Entscheidungen müssen wir alle tagtäglich unzählige Male treffen. Was soll ich essen? Leistungssportler müssen sehr genau auf ihre Ernährung achten – sie müssen sich also jeden Tag aufs Neue dafür entscheiden, ihren Ernährungsplan einzuhalten. Das übergeordnete Ziel gibt in diesem Fall den Ausschlag: Führt mich mein Verhalten näher zu diesem Ziel, oder entfernt es mich von ihm? Was will ich eigentlich?

Wer sein Ziel im Blick hat, ist in der Lage, im entscheidenden Moment die richtigen Entscheidungen zu treffen. Manchmal glauben wir, dass persönlicher Erfolg eine Sache des Glücks ist – und natürlich spielt auch das Glück eine Rolle –, doch in der Regel steckt harte und zielgerichtete Arbeit dahinter. Ich habe kürzlich gelesen, dass erfolgreiche Unternehmer durchschnittlich fünf misslungene Projekte hinter sich haben, ehe sich der Erfolg einstellt. Das sollten wir stets im Gedächtnis behalten – es ist weder unnormal noch besorgniserregend, bei seinen Versuchen zu scheitern. Man muss es einfach immer wieder probieren.

Wer seine langfristigen Ziele im Blick behält, der kann sich auch Etappenziele stecken, die ihn Stück für Stück voranbringen.

Ein Mann, der viele Überstunden und Nachtdienste im Krankenhaus übernahm, erzählte mir von seinem Ziel, sich einen weißen Mercedes zu kaufen. Er besaß weder einen Führerschein noch sonderlich viel Geld, arbeitete jedoch so hartnäckig und zielstrebig, dass es ihm am Ende gelang, sein Ziel zu realisieren. Nach vielen Fahrstunden kaufte er sich schließlich einen weißen Mercedes, den er tagsüber neben seinem kleinen Kiosk parkte, um ihn im Auge behalten zu können.

Er musste im Laufe der Zeit viele Entscheidungen treffen – Geld sparen, Überstunden machen etc. Diese Entscheidungen haben es ihm ermöglicht, sein Ziel zu erreichen.

Wer sein Ziel vor Augen hat, für den ist die Zeit ein Geschenk – eine Gelegenheit, seinem Ziel näher zu kommen. In dieser Situation kann man nie zu viel Zeit haben. Wir können stets irgendetwas tun, das uns einen Schritt weiterbringt.

Einige Menschen leiden darunter, dass sie nicht wissen, was sie mit ihrer Zeit anfangen sollen. Sie wachen um sieben Uhr auf und wünschen, sie könnten noch länger schlafen, damit es nicht mehr so lange bis zum Mittagessen ist. Diese Menschen haben sozusagen die Taschen voller Devisen, die sie weder benutzen noch umtauschen können. Eine so beschwerliche Situation wählt man nicht freiwillig, doch man kann etwas dagegen tun.

In seinem Leben gegenwärtig zu sein heißt, sich die Gegenwart zunutze zu machen. Sich selbst in die angestrebte Richtung zu manövrieren, statt sich vom Zufall, den äußeren Umständen oder anderen Menschen leiten zu lassen. Flexibel zu sein und in den Wechselfällen des Lebens das Richtige zu tun. Am Leben teilzuhaben und es mit wachen Sinnen zu begleiten. Die Möglichkeiten kennen, sein Leben zu beeinflussen, doch auch zu wissen, wann es sich nicht beeinflussen lässt. Sich auf die Schliche zu kommen. Zu wissen, wohin der eigene Weg führt.

Zu wissen, wer in deinem Leben bestimmt.

Lesetipps

Es existiert eine Unmenge Literatur über Innere Achtsamkeit und Meditation. Für diejenigen, denen dieses Buch gefallen hat, habe ich eine kleine persönliche Auswahl getroffen.

- Kabat-Zinn, Jon: *Gesund durch Meditation. Das große Buch der Selbstheilung.* Frankfurt am Main: Fischer 2006
- Kabat-Zinn, Jon: *Im Alltag Ruhe finden. Meditationen für ein gelassenes Leben.* Frankfurt am Main: Fischer 2007
- Kåver, Anna: *Att leva ett liv, inte vinna ett krig.* Stockholm: Natur och Kultur 2004
  Innere Achtsamkeit und Akzeptanz gehören zusammen – Anna Kåvers Buch und meines ergänzen sich.
- Nhât Hanh, Thich: *Das Wunder der Achtsamkeit. Einführung in die Meditation.* Berlin: Theseus 2006
  Ein Buch, das von vielen als Klassiker angesehen wird.
- Shafir, Rebecca Z.: *Zen in der Kunst des Zuhörens.* München: Ariston 2001

Medizinische/psychotherapeutische Anwendungen

■ Kåver, Anna & Nilsonne, Åsa: *Dialektisk beteende-terapi vid emotionellt instabil personlighetsstörning. Teori, strategi och teknik.* Stockholm: Natur och Kultur 2002
Ein auf Deutsch leider noch nicht erhältliches Buch über eine Form der Psychotherapie, die für Frauen entwickelt wurde, die sich selbst Schaden zufügen – Innere Achtsamkeit ist einer der wichtigsten Aspekte.

■ Linehan, Marsha: *Trainingsmanual zur Dialektisch-Behavioralen Therapie der Borderline-Persönlichkeitsstörung.* München: CIP-Medien 1996

■ Sapolsky, Robert M.: *Warum Zebras keine Migräne kriegen. Wie Stress den Menschen krank macht.* Müchen: Piper 1998
Ein unterhaltsamer und zuverlässiger Überblick zur modernen Stressforschung.

■ Segal, Zindel, Williams, Mark G. & Teasdale, John: *Mindfulness-based cognitive therapy for depression. A new approach to preventing relapse.* New York: Guilford Press 2002
Ein Beispiel dafür, wie die Innere Achtsamkeit *(mindfulness)* in die Kognitive Verhaltenstherapie bei Depression integriert werden kann.

Register

Gönnen Sie sich eine Auszeit

272 Seiten
ISBN 978-3-442-17034-0

192 Seiten
ISBN 978-3-442-17093-7

368 Seiten
ISBN 978-3-442-16789-0

224 Seiten
ISBN 978-3-442-16973-3

Wege zum Glück

448 Seiten
ISBN 978-3-442-39159-2

256 Seiten
ISBN 978-3-442-16970-2

256 Seiten
ISBN 978-3-442-16744-9

192 Seiten
ISBN 978-3-442-16445-5